© 2012, Elisabeth Sandmann Verlag GmbH, München
ISBN 978-3-938045-72-5

Text	Isabella Lechner
Redaktion	Sabrina Kiefer
Gestaltung	Kuni Taguchi
Herstellung	Karin Mayer, Peter Karg-Cordes
Lithografie	Christine Rühmer
Druck und Bindung	GGP Media GmbH, Pößneck

Besuchen Sie uns im Internet unter www.esverlag.de

ISABELLA LECHNER

Wienerinnen,
die lesen, sind gefährlich

ELISABETH
SANDMANN

INHALT

Geschäftsfrauen und Pionierinnen

VORWORT

Ü berall in der Stadt kann man ihre Spuren entdecken,
die Spuren jener Frauen, die Wien geprägt haben.
Doch oft zeigen sich die Mosaiksteinchen der Erinnerung
nur denjenigen, die bewusst nach ihnen suchen. In den
vergangenen Jahren wurden vermehrt Straßen, Plätze und
Gebäude nach bedeutenden Wienerinnen be- oder umbe-
nannt, sei es der Josefine-Hawelka-Weg, der Johanna-
Dohnal-Hof oder der Anna-Freud-Park. Dennoch sind
viele dieser beeindruckenden Frauen im Wien der Gegenwart nicht präsent genug, um so bekannt zu sein, wie sie
es verdient hätten.

In die Biografien dieser klugen und in so vielerlei
Hinsicht mutigen Damen hineinzuschmökern, bedeutet,
eine Reise durch die vielschichtigen Lebenswelten von
Wienerinnen anzutreten, und im vorliegenden Falle auch
durch 200 Jahre Wiener Kulturgeschichte. Am Beginn
steht Wien als Haupt- und Residenzstadt eines Kaiser-
reichs mit mehr als 50 Millionen Menschen – ein bunter
Mix an Nationalitäten, dessen kulturelle Vielfalt das Wesen dieser Stadt bestimmte. Noch dominierten die Männer das intellektuelle Leben. Noch war das Ideal der Frau
jenes der biedermeierlichen Hausfrau, aufopfernden Gefährtin und Mutter. Doch nicht alle hatten vor, sich (für
immer) in diese Rolle zu fügen. Lesende Wienerinnen wie

die Weltreisende Ida Pfeiffer wussten um ihre Klugheit und ihre Fähigkeiten und fanden Mittel und Wege, ihre Träume zu leben.

Einige Jahre später begannen Frauen in Wien, auch öffentlich für ihre Interessen einzustehen. Ein neuer, junger Kaiser war seit 1848 an der Macht, doch die überholten Strukturen blieben dieselben, und unter der Oberfläche fing es an zu gären. Es war die Zeit einer Marianne Hainisch und einer Bertha von Suttner, eine Zeit unbeirrbarer Kämpferinnen, die sich für Frauenrechte, Frieden und gesellschaftlichen Umbruch einsetzten und den Anliegen der Wienerinnen eine Stimme verliehen. Wien wurde in großem Umfang erneuert und erweitert, die alte Stadtmauer wich den Prunkbauten der Ringstraße. Die Innere Stadt »gehörte« dem Adel, den Beamten und dem Großbürgertum, der innere Gürtel den KleinbürgerInnen. In den Außenbezirken lebte das Proletariat aus den ehemaligen, nun der Stadt einverleibten Vorstädten. Zur selben Zeit, als Arbeiterinnen für ihre Rechte auf die Straße gingen, erlebte Wien mit der Wiener Moderne um die Jahrhundertwende eine geistige und künstlerische Hochblüte, welche die Stadt und ihre EinwohnerInnen mit kulturellen Reichtümern und Errungenschaften geradezu überhäufte. Selbstbewusst wagten sich Frauen an neue Lebensmodelle, sie nutzten die Chancen und Möglichkeiten, die die vorherige Generation für sie erkämpft hatte. Künstlerinnen wie die Modeschöpferin Emilie Flöge machten sich frei von Korsett und Konventionen, außergewöhnliche Frauen wie die Journalistin und Salonière

Berta Zuckerkandl prägten das gesellschaftliche Leben. Doch es sollte noch Jahre dauern, bis Frauen auch politisch mitbestimmen durften. Die Zeichen standen auf Krieg, und mit der Monarchie ging auch ein Wiener Lebensgefühl zu Ende. Das alte Wien einer Anna Sacher, das bis heute, begleitet vom Frauenbild des »süßen Wiener Mädels«, zu Unrecht nostalgisch verklärt wird, wurde abgelöst durch das »Rote Wien« einer Margarete Schütte-Lihotzky und das sachlich-moderne Wien einer Trude Fleischmann. Junge Künstlerinnen wie sie vertraten das Bild der »neuen Frau«: emanzipiert, gebildet, selbstsicher und die Männerbastionen erobernd (wenn auch noch lange nicht gleichberechtigt). Das war bis dahin nur Schauspielerinnen und Sängerinnen vergönnt gewesen.

Doch kaum hatten die Wienerinnen begonnen, ihre Freiheiten auszukosten, machten Austrofaschismus und Nationalsozialismus die so mühsam errungenen Rechte wieder zunichte. Die Frau wurde zurückgedrängt an Heim und Herd. Mit Emigration und Vernichtung der, zum Großteil jüdischen, geistigen und künstlerischen Elite Wiens kam das pulsierende kulturelle Leben der Stadt abrupt zum Stillstand. Auch die meisten Frauen jüdischer Herkunft, die in diesem Buch vorgestellt werden, emigrierten noch vor dem Anschluss Österreichs oder mussten später flüchten. Einige, wie Anna Freud, hatten das Glück, sich im Ausland eine neue Karriere und ein zweites Leben aufbauen zu können. Andere, wie Hilde Spiel, kamen später zurück, mussten sich aber die Frage stellen: Welche Welt ist meine Welt? Mit diesen Gegensätzen von zerstörten Leben und Wiederaufbau, von patriarchalem Erbe und gesellschaftlichem Neuanfang wuchs eine Generation von Wienerinnen auf, von denen einige 20 Jahre später mit ungeheurer Energie den Kampf für die Gleichberechtigung in der autonomen Frauenbewegung der 1970er Jahre fortsetzten. Mit Unterstützung couragierter Kämpferinnen wie Johanna Dohnal erzielten sie frauenpolitische Erfolge, auf denen die Wienerinnen noch heute aufbauen.

In den hier versammelten 17 Porträts werden die Errungenschaften der Wiener Frauenbewegung beleuchtet und die Flügeltüren in die Räume der Salonièren geöffnet, die vielseitigen Wege von Schriftstellerinnen skizziert sowie Geschäftsfrauen und Pionierinnen vorgestellt. Entscheidend für die Auswahl war, dass sich die Frauen intellektuell betätigt haben und die kulturelle Geschichte der Stadt prägten beziehungsweise Leitfiguren oder »Wiener Originale« waren. So manche Lebensläufe der im Buch angeführten Frauen kreuzen sich an bestimmten Zeitpunkten und Orten oder durch die Begegnung mit Dritten. Die Überschneidungen machen Lust, detaillierter in den Biografien zu stöbern und lesend die so vielen hier nicht genannten »gefährlichen« Wienerinnen zu entdecken. Oder wie wär's mit einem der geführten Wiener Frauenspaziergänge? Sie laden ein, die Stadt aus einem neuen Blickwinkel zu betrachten. Womit wir wieder bei der Spurensuche wären ...

Isabella Lechner

WIEN BELVEDERE

»*Man wird erst wissen,*
was die Frauen sind, wenn ihnen nicht mehr
vorgeschrieben wird, was sie sein sollen.«

ROSA MAYREDER

FRAUENRECHTLERINNEN UND KÄMPFERINNEN

Marianne Hainisch
1839–1936

Bertha von Suttner
1843–1914

Rosa Mayreder
1858–1938

Johanna Dohnal
1939–2010

Hunderte Wiener Erdarbeiterinnen gingen im August 1848 gegen die neuerliche Senkung ihrer Löhne und die Einführung der Akkordarbeit für Frauen auf die Straße. Schon zwei Tage zuvor hatten sie ihrem Ärger bei der ersten Frauenkundgebung Österreichs durch die Wiener Innenstadt Luft gemacht, nun marschierten sie gemeinsam mit den Arbeitern. Im Prater stieß der Demonstrationszug mit der bewaffneten Polizei und Nationalgarde zusammen. 18 Menschen starben, fast 300 wurden verletzt. Die sogenannte »Praterschlacht« markiert den Beginn der Frauenbewegung in Österreich. Eine Woche später rief Karoline von Perin den Wiener demokratischen Frauenverein, den ersten politischen Frauenverein des Landes, ins Leben. Nur zwei Monate später wurde dieser aufgelöst, Karoline von Perin verhaftet und zur Emigration nach München gezwungen. Politische Aktivitäten in Vereinen und Parteien waren Frauen künftig verboten. Erst 1866 sollte die Frauenbewegung mit der Gründung des Frauen-Erwerbvereins ihre Fortsetzung finden. Die Bewegung war nun eine bürgerlich-liberale, abgespalten von den Interessen der Arbeiterinnenbewegung. Ihre Pionierin war Marianne Hainisch, die sich für eine gymnasiale Ausbildung bürgerlicher Mädchen einsetzte. Für die »Versorgungsanstalt Ehe« erzogen, hatten diese kaum Möglichkeiten zur Erwerbsarbeit, wenn der Mann als Familienerhalter ausfiel. Ab 1870 formierten sich Frauen vermehrt in Vereinen und Interessensgruppen. Sie forderten bessere, gleichberechtigte Arbeits- und Ausbildungsbedingungen und mehr Rechte für Frauen

ein. Die Arbeiterinnen erhielten 1890 durch den sozialdemokratischen Arbeiterinnen-Bildungsverein ein politisches Sprachrohr. Drei Jahre später fand der erste organisierte Arbeiterinnenstreik in Wien-Meidling statt. Zu den
führenden Vertreterinnen der Sozialdemokratinnen zählte unter anderen Adelheid Popp. Während die bürgerlichen Frauen ihre Forderungen auf dem Papier kundtaten,
versuchten die Sozialdemokratinnen, die Rechte der Arbeiterinnen mit Streiks und Demonstrationen zu sichern.

Im Frühjahr 1892 entstand unter bürgerlichen Frau-
en die Idee, den ersten österreichischen Frauentag zu or-
ganisieren, bei dem Frauenrechtlerin Auguste Fickert die
bürgerliche und proletarische Frauenbewegung zur Zusammenarbeit bewegen wollte. Doch der Plan scheiterte.
Die Klassenfrage stand für die Sozialdemokratinnen vor
der Frauenfrage, eine Zusammenarbeit mit den »Bürgerlichen« war für sie nicht denkbar. Diesen wiederum war
die Vorgehensweise der Sozialdemokratinnen zu radikal.
Ein Jahr später wurde auf Initiative von Auguste Fickert
der Allgemeine Österreichische Frauenverein gegründet,
dem sie später als Präsidentin mit Rosa Mayreder und
Marie Lang vorstand. 1902 rief Marianne Hainisch den
Bund Österreichischer Frauenvereine ins Leben, der die
bürgerliche Frauenbewegung stärken sollte. Viele Frauen
engagierten sich zu dieser Zeit auch in der Friedensbewegung, die in Österreich durch Bertha von Suttner initiiert
worden war. 1918 wurde schließlich das allgemeine Wahlrecht für Frauen erreicht. Nach den ersten Nationalrats-
wahlen 1919 zog neben sieben Sozialdemokratinnen auch

Hildegard Burjan als erste weibliche christlich-soziale Abgeordnete ins Parlament ein. Nun konnte gezielter, wenn auch nicht immer solidarisch, für Frauenrechte und Gleichberechtigung gekämpft werden. Austrofaschismus und Nationalsozialismus setzten den Bestrebungen jedoch ein jähes Ende.

Erst Anfang der 1970er Jahre sollten sich Frauen aus der StudentInnenbewegung der 68er-Revolution heraus zur zweiten, autonomen Frauenbewegung sammeln. Ihr Ziel war es, die wiedererstarrten sozialen Geschlechterrollen aufzubrechen. In Wien organisierten sie sich in der Aktion Unabhängiger Frauen (AUF). Unter dem Motto »Das Private ist politisch« wurden die Geschlechterstrukturen in der Gesellschaft aufgedeckt und das Patriarchat,

Historische Ansicht des Pratersterns.

das Frauen auf ihre Rolle als brave Hausfrau und Mutter reduzierte, angeprangert. Der Kampf um die Straffreiheit des Schwangerschaftsabbruchs war in den 1970er Jahren eine der wichtigsten Aktivitäten der Bewegung. Gleichzeitig setzten sich ihre Vertreterinnen unter anderem gegen die Ausbeutung der Frau als Arbeitskraft und für öffentliche Frauenräume sowie frauenspezifische Bildungs- und Beratungsstellen ein. Mit der Einrichtung eines Staatssekretariats für allgemeine Frauenfragen im Jahr 1979 wurden erstmals Frauen- und Familienanliegen unabhängig voneinander behandelt. Eine wichtige Rolle bei der Durch- und Umsetzung frauenpolitischer Forderungen spielte die »rote« Politikerin Johanna Dohnal, die 1990 zur ersten Frauenministerin Österreichs ernannt wurde. Zahlreiche Frauengruppen und -projekte, von denen viele aus der autonomen Frauenbewegung heraus entstanden sind, setzen heute die engagierte Arbeit für Frauenrechte und Gleichberechtigung in Österreich fort.

MARIANNE HAINISCH

1839–1936

***

*»Gleichberechtigung in der Schule und
frei die Bahn für die Arbeit.«*

Geboren am 25. März 1839 als Marianne Perger, Tochter des Indus-
triellen Josef Perger und seiner Frau Maria, in Baden bei Wien • Unterricht für höhere Töchter • 1857 Heirat mit Michael Hainisch • Geburt der Kinder Michael (1858) und Maria (1860) • 1870 Antrag »Zur
Frage des Frauenunterrichtes« • 1875 Vortrag »Die Brotfrage der
Frau« • 1892 Eröffnung des ersten Mädchengymnasiums in Wien •
1902 Gründung des Bundes Österreichischer Frauenvereine (BÖFV) •
Mitgründerin des Frauenstimmrechtskomitees und der Frauenpartei
(1929) • zahlreiche Schriften zu Frauen und Bildung • ab 1914 Leiterin
der Friedenskommission im BÖFV • 1924 Initiatorin der Einführung
des Muttertags in Österreich • gestorben am 5. Mai 1936 in Wien III.

Es war der Baumwollkrise als Folge des Amerikanischen
Bürgerkriegs zuzuschreiben, dass aus der Industriellen-
gattin und Mutter Marianne Hainisch eine Frauenkämpferin wurde. Ihr Mann Michael besaß eine gut gehende
Spinnerei nahe dem Semmering in Niederösterreich, als
die Baumwolle aus Übersee ausblieb. Er konnte sein Un-
ternehmen retten, doch viele andere mussten schließen.
Der kranke Mann einer Freundin konnte die Familie
nicht mehr ernähren, seine Frau jedoch keine Beschäfti-

gung finden, die »eine der sozialen Stellung des Mannes entsprechende Position« gewährte. »Das erschütterte mich«, schrieb Marianne Hainisch. Arbeiterinnen konnten ihre Familie, wenn auch schlecht, so doch irgendwie allein über die Runden bringen. Höheren Töchtern, die über keine berufliche Ausbildung verfügten und ihren Status zu wahren hatten, war dies unmöglich. »Nun wurde mir

plötzlich klar, daß bürgerliche Mädchen für den Erwerb vorbereitet werden müßten«, so Hainisch. »Ich war tief ergriffen und wurde an diesem Tage zur Frauen-Vorkämpferin.«

Wie alle bürgerlichen Mädchen hatten auch sie und ihre Freundin die damals übliche Erziehung erfahren: Sie erhielten Hausunterricht oder besuchten eine private Schule für höhere Töchter; ihre schöngeistige Bildung sollte sie rein dazu befähigen, eine gute Hausfrau und Mutter und dem Mann eine würdige Gefährtin zu sein. Der 1866 gegründete Wiener Frauen-Erwerbverein trat zu dieser Zeit für eine Verbesserung der Berufschancen

Altersbildnis Marianne Hainischs der Fotografin Trude Fleischmann, um 1929.

von Frauen ein. Bei der dritten Generalversammlung des Vereins im März 1870 brachte Marianne Hainisch deshalb einen Antrag »Zur Frage des Frauenunterrichtes« vor: »Die Frau soll zu jedem Beruf berechtigt sein«, forderte sie. Der Verein solle bei der Stadt um Parallelklassen für Mädchen an einem der Wiener Realgymnasien ersuchen oder um die Bewilligung zur Errichtung eines reinen Mädchengymnasiums. Der Antrag wurde einstimmig angenommen, doch Vereinsvorstand und staatliche Stellen reagierten letztlich ablehnend: »Sie waren, wie die große Mehrzahl der Bevölkerung, davon überzeugt, daß die Mädchen einen der Fraueneigenart angepaßten eigenartigen Unterricht erhalten müßten«, schrieb Hainisch. Eine »höhere Mädchenschule«, über die letztlich beraten wurde, entsprach genau dem Gegenteil der Gleichberechtigung, die Hainisch hatte bezwecken wollen, denn nur die gymnasiale Ausbildung, wie sie den Buben zuteilwurde, berechtigte zum regulären Universitätsstudium. Da aber die meisten Universitätsprofessoren die Zulassung von Frauen an Hochschulen ablehnten, sprachen sie sich auch gegen Mädchengymnasien aus. »Damit begann für mich eine Leidenszeit, die 22 Jahre währte, bis ich der Eröffnung des ersten Mädchengymnasiums beiwohnen konnte«, so Hainisch. In ihrem Vortrag »Die Brotfrage der Frau« aus dem Jahr 1875 versuchte sie, die teils abstrusen Argumente gegen Frauen an Universitäten Punkt für Punkt zu widerlegen.

Die Frauenbewegung breitete sich nun zunehmend aus, immer mehr Frauen schlossen sich in Vereinen zusammen. Sie taten damit »einen ersten Schritt aus der Enge des Hauses in das öffentliche Leben«, wie Frauenrechtlerin Rosa Mayreder es ausdrückte. 1888 entstand der von Marie Boßhardt van Demerghel gegründete Verein für erweiterte Frauenbildung, der wie Marianne Hainisch die Errichtung von Knabengymnasien entsprechende Mädchenschulen anstrebte. Der Verein arbeitete eng mit Hainisch und dem 1893 gegründeten Allgemeinen Österreichischen Frauenverein zusammen, dem Auguste Fickert, Rosa Mayreder und Marie Lang vorstanden.

1890 legte der Verein für erweiterte Frauenbildung dem Abgeordnetenhaus eine Petition vor, die neben dem Zugang von Frauen zu Universitäten wiederholt die Unterstützung des Staates bei der Einrichtung eines Mädchengymnasiums forderte. Doch das Anliegen stieß beim Unterrichtsministerium auf taube Ohren. Hainisch und Boßhardt beschlossen deshalb, sich um Mittel zur Errichtung eines privaten Vereinsgymnasiums zu bemühen. Der Direktor des Wiener Pädagogiums, Emanuel Hannak (später Direktor des Mädchengymnasiums), überließ ihnen dafür

Gedenktafel für Marianne Hainisch in der Rahlgasse.

die Räumlichkeiten desselbigen in der Hegelgasse. Im
Herbst 1892 wurde dort schließlich das erste Mädchen-
gymnasium Österreichs eröffnet – allerdings unter dem
aufgezwungenen Titel »Gymnasiale Mädchenschule«.
1910 übersiedelte die Schule in das Haus Rahlgasse 4 in
Wien-Mariahilf, wo bis dahin die Schule des Wiener Frauen-Erwerbvereins untergebracht war. Es war die erste
Schule des Landes, deren Abschluss Mädchen zum Universitätsstudium berechtigte. Doch scheinbar nicht für
alle Mädchen hatte Hainisch das Gymnasium erkämpft:
»Die Mittelschulen und Universitäten haben nur Mäd-

Marianne Hainisch (stehend) bei einer Tagung des Deutsch-
Österreichischen Frauenbundes, 1932.

chen von entschiedener Begabung zu betreten«, so ihre
elitäre Auffassung, die der Einstellung des von ihr vertre-
tenen gemäßigten Flügels der bürgerlichen Frauenbewegung entsprach.

1899 nahm Marianne Hainisch als österreichische
Delegierte an der zweiten Generalversammlung des Frau-
enweltbundes und am Frauenkongress in London teil.
Beflügelt kehrte sie zurück und gründete am 5. Mai 1902
den Bund Österreichischer Frauenvereine (BÖFV), dessen Präsidentin sie bis 1918 blieb. Als 1914 der Krieg ausbrach, folgte sie ihrer im selben Jahr verstorbenen Freundin Bertha von Suttner als Vorsitzende der BÖFV-Frie-
denskommission nach. Sie beteiligte sich an den Kämpfen
um ein allgemeines Frauenwahlrecht und gründete 1929,
mit bereits 90 Jahren, die Österreichische Frauenpartei.
Ihr Sohn Michael Hainisch wurde 1920 zum ersten Bun-
despräsidenten der Republik Österreich gewählt. Auf
Anregung von Marianne Hainisch wurde 1924 der Mut-
tertag in Österreich eingeführt. Bei allen fortschrittlichen
Gedanken hielt die bürgerliche Frauenkämpferin doch
stets an Ehe, Mutterschaft und Familie fest, ohne die bestehenden Geschlechterverhältnisse zu hinterfragen – in
diesem Punkt blieb sie ein Kind ihrer Zeit. Am 5. Mai 1936
starb Marianne Hainisch in Wien. In der Rahlgasse 4 befindet sich auch heute noch ein Gymnasium, seit 1978 für
Buben und Mädchen, mit Genderschwerpunkt Koeduka-
tion. Eine Gedenktafel an der Schulmauer sowie eine
Gasse und ein Gemeindebau in Wien-Landstraße erinnern an die Pionierin der Frauenbewegung.

BERTHA VON SUTTNER

1843–1914

※

*»Der Friedensliga wollte ich einen Dienst
leisten – wie konnte ich das besser tun,
als indem ich ein Buch zu schreiben versuchte,
das ihre Ideen verbreiten sollte?«*

Geboren am 9. Juni 1843 als Bertha Sophia Felicita Gräfin Kinsky von Wchinitz und Tettau in Prag • 1856 Übersiedlung nach Wien • 1873 bis 1876 Gouvernante bei Freiherr Karl von Suttner in Wien • 1876 Sekretärin von Alfred Nobel in Paris; Hochzeit mit Arthur von Suttner • Auswanderung in den Kaukasus • Beginn ihrer journalistischen und schriftstellerischen Arbeit • 1885 Rückkehr nach Österreich • 1889 Veröffentlichung des Romans *Die Waffen nieder!* • 1891 Gründung und Präsidentin der Österreichischen Friedensgesellschaft; erster internationaler Auftritt beim dritten Weltfriedenskongress in Rom • 1899 Teilnahme an der ersten Haager Friedenskonferenz • 1905 erhält sie als erste Frau den Friedensnobelpreis • gestorben am 21. Juni 1914 in Wien an Krebs

Am 18. April 1906 nahm die Pazifistin Bertha von Suttner in der norwegischen Hauptstadt Christiania als erste Frau den Nobelpreis entgegen, der ihr im Dezember des Vorjahres verliehen worden war. Wie so oft schaffte es die charismatische »Friedensbertha«, vom Podium aus zu überzeugen: »Dann trete ich vor und alle erheben sich.

Rede gelingt und hat starken Beifall [...]«, notierte sie in ihr Tagebuch.

Die Aufmerksamkeit der Weltöffentlichkeit war über viele Jahre hart erkämpft und nicht immer nur von Beifall gesegnet. Als Bertha von Suttner ihre Mission für den Frieden startete, war sie Mitte 30. Drei Verlobungen waren gescheitert, der Traum, als geborene Gräfin Kinsky von Wchinitz und Tettau in den Wiener Hochadel einzuheiraten, geplatzt – war Bertha doch Spross einer in der höfischen Gesellschaft verpönten Mesalliance zwischen einem Grafen und einer Dame niederen Adels. Auch eine jahrelang angestrebte Karriere als Sängerin hatte nicht sollen sein. Außerdem hatte die auf großem Fuß lebende Mutter das geerbte Geld durchgebracht. Enttäuscht, aber nicht entmutigt, nahm Bertha eine Stelle als Gouvernante im Hause des Wiener Freiherrn von Suttner in der Canovagasse, mit Blick auf Karlskirche und Wiener Musikverein, an und verliebte sich dort in Arthur, den um sieben Jahre jüngeren Sohn des Hauses.

Porträt der Friedenskämpferin Bertha von Suttner, 1908.

Die Zuneigung war beiderseitig, wurde aber von Arthurs Eltern nicht geduldet. Bertha musste das Haus verlassen, was sich als Glück im Unglück erwies: Sie bewarb sich auf eine Zeitungsannonce und wurde Sekretärin bei keinem Geringeren als dem Erfinder des Dynamits, Alfred Nobel, in Paris. In seinen Diensten machte sich Bertha von Suttner erstmals Gedanken über Krieg und Frieden. Mit Nobel sollte sie eine lebenslange Freundschaft verbinden. Wäre es nach ihm gegangen, hätte aus der Bekanntschaft eine Ehe werden können, doch Bertha folgte ihrem Herzen: Am 12. Juni 1876 heirateten sie und Arthur Gundaccar Freiherr von Suttner gegen den Willen seiner Eltern heimlich in Wien und flüchteten wenig später in eine ungewisse Zukunft in den Kaukasus. Sie fanden Aufnahme am Hofe der befreundeten Fürstin von Mingrelien, jedoch plagten Geldsorgen das Paar. Hier erwies sich Berthas Erziehung als Tochter aus gutem Hause als nützlich: Sie unterrichtete adelige Töchter in Gesang und Klavierspiel.

Bertha ließ sich Bücher in die Fremde schicken, befasste sich mit Philosophie, Geschichte und der Evolutionslehre Charles Darwins. Als 1877 der Russisch-Türkische Krieg ausbrach, fand Arthur von Suttner in Korrespondentenberichten eine neue Einnahmequelle. Von der schriftstellerischen Arbeit ihres Mannes angetan, versuchte sich auch Bertha an einem Feuilleton [Aufsatz] und schickte es unter dem Pseudonym B. Oulot an die Wiener *Neue Freie Presse* (seit 1946 *Die Presse*). Freudig empfing sie ihr erstes Honorar.

Mit Fortsetzungsromanen verdiente Bertha nun gutes eigenes Geld. Noch betrachtete die später so unbeirrbare Friedenskämpferin Kriege als »Dinge, [...] die sich ebenso notwendig und regelmäßig und außer aller menschlichen Einflußsphäre abspielen, wie Vorgänge im Erdinnern und am Firmament; man hat sich also darüber nicht zu ereifern«. Dies änderte sich, als Bertha die andere Seite des Krieges in den Lazaretten und Notlagern realisierte. Sie erkannte, wie viel Leid den Verwundeten erspart bliebe, würde man erst gar keinen Krieg anzetteln. Welch großen Einfluss der Mensch darauf hat, wurde ihr nun schmerzlich bewusst.

Ab 1882 brachte Bertha jährlich ein literarisches Werk heraus. Ihre neuen pazifistischen Anschauungen vermittelte sie 1883 unter anderem in dem Buch *Inventarium einer Seele*: »Abrüstung! Als ich dieses Wort niederschrieb, stiegen mir vielerlei Gedanken auf, die mich oft über die Frage des Weltfriedens beschäftigt haben [...]. Der Begriff ›Frieden‹ ist auch eine meiner Freuden, einer meiner Glaubensartikel.« Auf die Frage, ob man mit dem Bücherschreiben Geld verdienen könne, verhieß ihr der Redakteur einer Wiener Zeitung: »Nein, rund heraus. Wenigstens Sie nicht und nicht mit solchen Büchern, wie Sie sie meinen und wie Sie sie in die Welt setzen möchten. [...] Sie wissen ja so gut wie ich, daß der größte Mist oft eine Menge Auflagen erlebt. Sie können und werden dahin gelangen, auch mit Büchern to make money, aber da müssen Sie erst bekannt und berühmt werden – Sie werden es!«

Die Prophezeiung sollte sich sechs Jahre später bewahrheiten: 1885 waren die Suttners nach Österreich zurückgekehrt, wo ihnen Arthurs Familie die heimliche Heirat und Flucht inzwischen verziehen hatte. Bertha schrieb weiterhin Essays und Bücher, in denen sie wiederholt für die Rechte der Frau eintrat. 1889 gelang ihr mit dem Roman *Die Waffen nieder!* ihr größter Wurf. Das Buch erschien erstmals unter ihrem richtigen Namen. Mit einem Schlag war sie international bekannt. »Der Friedensliga wollte ich einen Dienst leisten – wie konnte ich das besser tun, als indem ich ein Buch zu schreiben versuchte, das ihre Ideen verbreiten sollte?«, schrieb Suttner in ihren Memoiren.

In ihrem Roman lässt die Autorin die Figuren für sich sprechen: Detailgetreu recherchiert, erzählt sie die Geschichte der jungen Wienerin Martha, deren Schicksal eng mit den Kriegen des 19. Jahrhunderts verknüpft ist. Bewusst und schonungslos schildert von Suttner die

Titelblatt der Erstausgabe von Suttners Roman »Die Waffen nieder!«, 1889.

Gräuel auf den Schlachtfeldern, den Alltag in den Lazaretten, das Elend der Frauen und Kinder. Der Großteil
der Bevölkerung hatte noch nie von solchen Einzelheiten
des Krieges gehört. Die brutal geschilderten Tatsachen,
noch dazu beschrieben von einer Frau, polarisierten: Man
konnte nur Anteil nehmen oder das Buch ablehnen. Entsprechend geteilt waren die Reaktionen. Der Roman er-
zielte 37 Auflagen, wurde in zwölf Sprachen übersetzt,
vielfach rezensiert und zu einem der größten Bucherfolge
des Jahrhunderts. In den USA, ganz Westeuropa und
Russland wurde über das Werk diskutiert. Die aufstrebende Friedensbewegung gewann durch das Buch deut-
lich an Zuspruch. Suttners konservative Gegner hingegen
reagierten mit öffentlichem Spott und Ablehnung.

Noch war die Pazifistin Suttner nur auf dem Papier
aktiv, denn: »Mich selber an der Sache zu beteiligen – anders als durch die Feder –, kam mir noch gar nicht in den
Sinn.« Im Winter 1890/91 verhalf Bertha dem englischen
Pazifisten Felix Moscheles zur Gründung einer Friedensgesellschaft in Venedig. Bertha wurde in der internationalen Friedensbewegung aktiv und versuchte nun, auch in
Österreich eine Friedensgruppe aufzubauen. Am 30. Oktober 1891 konnte sie bereits die Gründung der Österreichischen Friedensgesellschaft mit 2000 Mitgliedern für
sich verbuchen. Sie selbst wurde deren Präsidentin, Gesellschaften in Berlin und Budapest folgten.

Im November 1891 vertrat die eiserne Kämpferin
ihre Anliegen beim dritten Weltfriedenskongress im rö-
mischen Kapitol erstmals vor internationalem Publikum.

Ihre ganze Energie ging in den Folgejahren in der Friedensarbeit auf, unterstützt wurde sie dabei von ihrem Lebensmenschen Arthur. Mit größter Freude empfing sie 1898 die Nachricht von der geplanten Friedenskonferenz in Den Haag, ausgehend von einem Manifest des russischen Zaren Nikolaus II. Die Schriftstellerin war als einzige Frau zur Eröffnung zugelassen und betätigte sich während des Ereignisses auch als Journalistin. Schon seit Längerem schrieb sie hochwertige Beiträge für diverse internationale Blätter. Sie trug damit maßgeblich zur Eroberung des Zeitungswesens durch Frauen bei.

Die Konferenz brachte kaum konkrete Ergebnisse. Eines davon war die Unterzeichnung einer Konvention

Öffentlicher Vortrag Bertha von Suttners in Berlin, 1913.

zur friedlichen Schlichtung internationaler Konflikte, die Vorstufe zu internationalen Schiedsgerichten. Die Abrüstungskommission hingegen scheiterte. Bertha kämpfte unermüdlich weiter. Persönliche Anfeindungen blieben ihr nicht erspart. Umso überzeugter feierte sie 1905 ihren größten Triumph: Das Komitee zur Vergabe des 1901 gegründeten Nobelpreises beschloss, Bertha von Suttner als erster Frau den Friedensnobelpreis zu verleihen. Sie selbst war es gewesen, die ihren, bereits 1896 verstorbenen, Freund Alfred Nobel Jahre zuvor zu einem solchen Preis angeregt hatte.

Berthas letzte Lebensjahre waren geprägt von Vortragsreisen in alle Welt, bei denen sie vehement vor einem drohenden Weltkrieg warnte. Sie hatte die Zeichen der Zeit erkannt – zu erleben, wie recht sie hatte, blieb ihr zum Glück erspart: Erschöpft von der jahrelangen Aufopferung für den Frieden, starb Bertha von Suttner am 21. Juni 1914 in Wien an Magenkrebs. Nur sieben Tage später fielen in Sarajevo Schüsse: Das Attentat auf den österreichischen Thronfolger Franz Ferdinand und seine Frau Sophie läutete den Ersten Weltkrieg ein.

ROSA MAYREDER
1858–1938

—⚬—

> *»Man wird erst wissen, was die Frauen sind,*
> *wenn ihnen nicht mehr vorgeschrieben wird,*
> *was sie sein sollen.«*

Geboren am 30. November 1858 als Rosa Obermayer, Tochter von Franz Obermayer und seiner zweiten Frau Maria Engel, in Wien I. • Erziehung als höhere Tochter; Malunterricht • 1881 Hochzeit mit Karl Mayreder • 1891 Ausstellung im Wiener Künstlerhaus • ab 1893 Mitglied im Allgemeinen Österreichischen Frauenverein (AÖFV) • 1895 Libretto für Hugo Wolfs Oper »Der Corregidor« • ab 1894 Erzählungen, ab 1896 Novellen • ab 1899 Mitherausgeberin der Zeitschrift *Dokumente der Frauen* • 1903 Austritt aus dem AÖFV • 1905 Publikation *Zur Kritik der Weiblichkeit* • Mitglied zahlreicher Gesellschaften in Wien • Engagement in der Friedensbewegung • 1923 Veröffentlichung von *Geschlecht und Kultur* • 1928 Ehrenbürgerin der Stadt Wien • gestorben am 19. Jänner 1938 in Wien an einem Schlaganfall

»Meine Tochter hat es nicht nötig, Geld zu verdienen.« So schroff reagierte Franz Obermayer, als er von seinem Schwiegersohn erfuhr, dass Rosa mehrere ihrer selbst gemalten Bilder verkauft hatte. Dem erfolgreichen und angesehenen Gastwirt, der 13 Kinder von zwei Frauen hatte, gehörte das »Winterbierhaus« an der Ecke Tuchlauben/ Landskrongasse mitsamt dem fünfstöckigen Wohnhaus

darüber. Rosa hatte es daher
nie an etwas gefehlt – nur aus-
reichend Bildung, die vermiss-
te sie. Sie verschlang alles Les-
bare, beschäftigte sich mit
Nietzsche und Schopenhauer,
und der oberflächliche Unterricht in den Privatmädchenin-
stituten langweilte sie. Ihr zu-
liebe ließ der Deutschprofessor
Logik und Psychologie in den
Lehrplan einbauen, und der
Vater erlaubte ihr die Teilnahme an den Griechisch- und
Lateinstunden ihrer Brüder.
Im Handarbeiten und Kochen
hingegen versagte sie kläglich. Weil die Mutter besorgt
war, dass Rosa sich zum »Blaustrumpf« (damals eine ab-
wertende Bezeichnung für gebildete Frauen) entwickeln
würde, wurde sie schon bald in ihre Schranken gewiesen.
Nur dem Mann würde geistige Beschäftigung zustehen,
»die Frau ist für den Mann da«, lautete eines der Prinzi-
pien ihres Vaters. Schon früh prangerte Rosa die Unge-
rechtigkeit zwischen den Geschlechtern an: »Wenn meine
Schwestern es als etwas Selbstverständliches hinnahmen,
daß die Söhne der Familie in Hinsicht auf Bildungsmög-
lichkeiten die größte Bevorzugung genossen, so fühlte ich

Altersbildnis Rosa Mayreders anlässlich ihres 70. Geburtstags, 1928.

eine beständig wachsende Empörung darüber [...].« Als sie sich mit 18 Jahren weigerte, weiterhin das beengende Korsett zu tragen, erregte Rosa erneut den Unmut ihrer Umgebung. Schließlich akzeptierte die Familie jedoch kopfschüttelnd ihr »Anderssein«. »Meine geistige Entwicklung fällt in eine Zeit, in der die bürgerliche Familie noch völlig unter der Herrschaft unangetasteter Traditionen stand«, schrieb sie. »Die Auflehnung dagegen bildete im Bereich meines persönlichen Schicksals das entscheidende Erlebnis.«

Am 28. Juli 1881 heiratete Rosa den Architekten Karl Mayreder in der Wiener Peterskirche. Karl unterstützte Rosas Talente und Neigungen. Da sie als Mädchen an Kunstschulen nicht zugelassen wurde, erhielt sie schon früh privaten Malunterricht, den sie nach ihrer Heirat fortsetzte. 1891 zeigte sie ihre Bilder erstmals in einer Ausstellung im Wiener Künstlerhaus. 1910 gründete sie gemeinsam mit Olga Prager und Kurt Federn eine private Kunstschule für Frauen und Mädchen. Neben der Malerei entdeckte Rosa auch ihr Talent für die Schriftstellerei. Erste Erzählungen erschienen ab 1894 in Zeitschriften, zwei Jahre später dann ihr erster Novellenband *Aus meiner Jugend*, in dem sie die Scheinmoral der bürgerlichen Gesellschaft kritisiert.

Ende der 1880er Jahre lernte das Ehepaar Mayreder Edmund und Marie Lang kennen, zu deren Kreis die Theosophen Rudolf Steiner und Friedrich Eckstein zählten sowie der Komponist Hugo Wolf. Für ihn verfasste Rosa später das Libretto zu seiner Oper »Der Corregi-

dor«, die im Juni 1896 in Mannheim uraufgeführt wurde.
1893 wurde Mayreder Mitglied im soeben gegründeten
Allgemeinen Österreichischen Frauenverein (AÖFV).
Dieser hatte unter anderem bessere Bildungs- und Berufschancen für Frauen, den Achtstundentag, das Frauenwahlrecht sowie den Einsatz für Frieden und gegen Pro-
stitution als Ausbeutung von Frauen zum Ziel. Das
damalige Verbot der politischen Betätigung für Frauen
wusste man in der Vereinspraxis geschickt zu umgehen.
Zu den Gründungsmitgliedern zählten auch Auguste
Fickert und Marie Schwarz, die zuvor den Verein der
Lehrerinnen und Erzieherinnen gegründet hatten. Wie
Marianne Hainisch forderten sie den Zugang von Frauen
zu allen Bildungseinrichtungen. Stand Hainisch für den
gemäßigten Flügel der bürgerlichen Frauenbewegung, so
vertraten die Mitglieder des AÖFV deren radikalen
Zweig: Sie wollten nicht Symptome bekämpfen, sondern
Ursachen. Am 24. Oktober 1893 wurde Rosa Mayreder
neben Auguste Fickert zur Vizepräsidentin gewählt.
Durch ihre Vermittlung kam Marie Lang zum Verein, und
1897 wurden alle drei Frauen Vorstandsmitglieder. Während Fickert in der organisatorischen Vereinsarbeit auf-
ging, fühlte sich Mayreder mehr als Theoretikerin denn
als Aktivistin. Ab März 1899 gaben die drei die Zeitschrift
Dokumente der Frauen für die »freigesinnte, bürgerliche
Frau« heraus. Hauptthemen waren Berufsmöglichkeiten
und die Notwendigkeit einer Ausbildung für Frauen, berufliche Gleichstellung, aber auch Fragen des Rechts, der
Politik und Erziehung. Nur wenige Monate später kam es

wegen großer Meinungsverschiedenheiten zum Zerwürf-
nis zwischen den drei Redakteurinnen. Im Oktober 1899
reichten Mayreder und Fickert ihren Rücktritt als Her-
ausgeberinnen ein. Marie Lang trat infolge aus dem Verein aus und führte die Zeitschrift bis zu deren Einstellung
1902 alleine weiter. Rosa Mayreder kehrte dem Verein im
Februar 1903 den Rücken. Sie war mit der Leitung Au-

guste Fickerts nicht mehr zu-
frieden und musste einsehen,
dass so manche Ideale der An-
fangszeit durch die internen
Spannungen und die Kleinar-
beit des Vereinsalltags auf der
Strecke geblieben waren. Sie
wollte sich nun ganz der
Schriftstellerei widmen.

Mayreders theoretische
Schriften *Zur Kritik der Weiblichkeit* (1905) und *Geschlecht
und Kultur* (1923) zählen heute zu den wichtigsten Werken
der ersten Frauenbewegung.
Anders als Marianne Hainisch
brachte sie in ihren internatio-

nal verbreiteten Arbeiten ihre Forderung nach Verände-
rung der bestehenden patriarchalen Machtverhältnisse
zwischen den Geschlechtern zum Ausdruck, die, wie
Mayreder fortschrittlich bemerkte, nicht von der Natur,
sondern von gesellschaftlichen Normen bestimmt sind:

»[...] Die lustbetonte Vorstellung ist nicht diejenige des Dienens auf der einen und des Herrschens auf der anderen Seite, sondern die Vorstellung der Gleichheit.« In ihren letzten Jahren widmete sich Rosa Mayreder neben dem Schreiben und der kräftezehrenden Pflege ihres psychisch kranken Mannes vor allem der Friedensarbeit. Sie war Mitglied der Österreichischen Friedensgesellschaft und der Internationalen Frauenliga für Frieden und Freiheit, hielt Vorträge, schrieb Beiträge und Essays und brachte mit Marianne Hainisch 1936 eine Friedensbroschüre für die Jugend heraus. Die große Theoretikerin starb am 19. Jänner 1938, zwei Monate vor Hitlers Einmarsch, in Wien an einem Schlaganfall. Im Wiener Rosa-Mayreder-College wird heute feministische Bildungsarbeit nach ihren Grundsätzen geleistet.

JOHANNA DOHNAL
1939–2010

———————————— ⚜ ————————————

»Was soll denn das heißen, eine Frau hat
Mann und Kinder zu versorgen? Sind Männer
denn hilflos und unmündig?«

Geboren am 14. Februar 1939 als Johanna Diez in Wien IX. • 1953 bis
1956 Lehre zur Industriekauffrau • 1956 Beitritt zur SPÖ • 1957 Heirat
mit Franz Dohnal • Geburt der Kinder Robert (1959) und Ingrid (1961) •
1969 Wahl zur Bezirksrätin in Wien-Penzing • ab 1971 Vorsitzende der
Penzinger Sozialistinnen • ab 1972 Wiener Landesfrauensekretärin
und Mitglied des Bundesparteivorstands • ab 1973 Wiener Gemeinderätin und Landtagsabgeordnete • ab 1979 Staatssekretärin für
allgemeine Frauenfragen • 1980 Einstieg in die Entwicklungszusam-
menarbeit • ab 1987 Vorsitzende der Sozialistinnen Österreichs und
stellvertretende SPÖ-Bundesparteivorsitzende • 1990 Angelobung
[Vereidigung] als erste Frauenministerin • 1995 unfreiwilliger Rücktritt aus der Regierung; Rückzug ins Privatleben • 2010 Verpartne-
rung mit Annemarie Aufreiter • gestorben am 20. Februar 2010 in
Grabern an Herzversagen

Eine Welle der Entrüstung ging durch das Land, als Johanna Dohnal im März 1995 als Frauenministerin zu-
rücktreten musste. Bundeskanzler Franz Vranitzky wollte eine Regierungsumbildung. Johanna Dohnal erfuhr
davon aus der Zeitung. Als sie an ihrem letzten Tag, nach
16 Jahren in der Regierung, ins Ministerbüro kam, wur-

den bereits die Namensschilder ausgewechselt. Johanna Dohnal trug es mit Fassung. Wie so vieles in ihrer langen politischen Laufbahn.

Die Frauenpolitikerin kam am 14. Februar 1939 als uneheliches Kind zur Welt. Sie wuchs bei ihrer Großmutter Karoline Diez in der Cumberlandstraße in Wien-Penzing auf, in einer Ein-Zimmer-Küche-Kabinett-Wohnung mit WC und Fließwasser am Gang. Das Geld reichte gerade einmal für das Nötigste, doch von der Oma lernte Johanna Kritikfähigkeit, solidarisches Verhalten und die Liebe zu Büchern. Sie besuchte die Volks- und Hauptschule, für eine weiterführende Schule fehlte jedoch das Geld, also absolvierte Johanna eine Lehre als Industriekauffrau in einer Kunstharzpresserei. Mit 17, sie war bereits verlobt, trat Johanna auf Anwerbung eines Bekannten der Sozialdemokratischen Partei Österreichs (SPÖ) bei. Das konnte nicht schaden, wenn man als junges Paar eine Gemeindewohnung wollte, fand sie. Und es passte zu ihrem Sinn für soziale Gerechtigkeit. Sie engagierte sich bei den Penzinger Kinderfreunden, nahm an Parteischulungen teil und las täglich

Johanna Dohnal vor einem SPÖ-Wahlplakat, 1985.

die »rote« *Arbeiter-Zeitung*, um sich politisch zu bilden. »Ich war ein totaler SPÖ-Fan. Ich hätte mir gar nicht vorstellen können, nicht in der SPÖ zu sein«, erinnerte sich Dohnal später. Am 23. Juli 1957 heirateten Johanna Diez und Franz Dohnal auf dem Penzinger Standesamt. Als ihr Mann einmal schlecht gelaunt anmerkte, dass an seinem Hemdsärmel Knöpfe fehlen, dachte sie: »Was gehen mich seine Knöpfe an?« In einem Frauenhaushalt aufgewachsen, kannte sie bislang keine geschlechtliche Rollenverteilung. 1959 wurde Sohn Robert geboren, die Familie zog in eine Gemeindewohnung in der Fenzlgasse. Als 1961 Tochter Ingrid zur Welt kam, blieb Johanna bei den Kindern zu Hause und übernahm Heimarbeit. Ab 1969 arbeitete sie halbtags im Büro einer Spenglerei. Bei den Kommunalwahlen im selben Jahr ließ sie sich auf die KandidatInnenliste setzen und wurde Penzinger Bezirksrätin. »Ich hab mich ziemlich auf die Füße stellen müssen, um klarzumachen, daß ich Bezirksrätin bin und nicht irgendjemandes Sekretärin«, sagte sie später.

Im März 1971 wurde Johanna Dohnal zur Vorsitzenden der Penzinger Sozialistinnen gewählt. In dieser Funktion kam sie erstmals politisch mit Frauenanliegen in Berührung. Es war die Zeit der zweiten Frauenbewegung. Seit 1970 führte die SPÖ eine Alleinregierung mit Bruno Kreisky als Bundeskanzler, die in Österreich eine Ära der gesellschaftlichen Reformen einläutete. Wichtigste frauenpolitische Forderungen waren damals die Streichung des »Abtreibungsparagrafen« 144 und die Legalisierung der Abtreibung. Mit dem Slogan »Mein Bauch gehört

mir!« demonstrierten Frauen für das Selbstbestimmungs-
recht über ihren Körper. Die Junge Generation der SPÖ
organisierte ein Aktionskomitee, Johanna Dohnal sam-
melte Tausende Unterschriften und diskutierte mit Justiz-
minister Christian Broda. Am Villacher Parteitag im
April 1972 bekannte sich die Partei auf Antrag der SPÖ-
Frauen offiziell zur Fristenregelung, die den straffreien
Schwangerschaftsabbruch in den ersten drei Monaten er-
möglichen sollte. Im November 1973 wurde diese im Parlament beschlossen (1975 trat sie in Kraft), und Johanna
Dohnal bemühte sich um deren Umsetzung. Mit dem
Komitee Helfen statt strafen setzte sie einen Gegenpol
zur Aktion Leben, die ein Volksbegehren gegen die
Fristenlösung startete. Im Monat des Parteitags war
Dohnal Wiener SPÖ-Landesfrauensekretärin geworden,
wenig später Mitglied des Bundesparteivorstands und
1973 Wiener Gemeinderätin und Landtagsabgeordnete.
»Mir hat an ihr gefallen, dass sie so aktiv war, politisch
aktiv«, sagte Maria Hlawka, die damalige Vorsitzende der
Sozialistinnen. »[...] Sie hat von Anfang an Ideen einge-
bracht. Sie hatte politisches Gspür. [...] Und couragiert
war sie. [...] Johanna hat mit vollem Einsatz für die Frau-
en gearbeitet.«
    Frauenpolitik bestimmte fortan Dohnals Laufbahn.
Sie hielt Kontakt zur autonomen Frauenbewegung, um
zu wissen, was Frauen beschäftigte, und las feministische
Literatur, um Zusammenhänge zu verstehen. 1977 organisierte Johanna Dohnal mit enormem Erfolg Selbstbe-
wusstseinsseminare für Hausfrauen. Doch in der SPÖ-

Zentrale landeten empörte Briefe, und auch parteiintern stieß Dohnal auf Widerstand: »Die Seminare, so wurde mir vorgeworfen, zerstören die Familien. Männer von Seminarteilnehmerinnen würden aus der Partei austreten, weil sie nun mit einer Emanze verheiratet sind. Und schuld daran sei ich.« Zusammen mit Seminarfrauen organisierte sie Parteibeitritte. Wurde sie vom Parteisekretär auf die Austritte angesprochen, überreichte sie ihm ausgefüllte Beitrittsformulare.

1979 dann der erste Höhepunkt ihrer Karriere: Bruno Kreisky berief vier zusätzliche Staatssekretärinnen in die Regierung, davon erstmals zwei Frauenstaatssekretärinnen. In Österreich eine politische Sensation. Zum ers-

Johanna Dohnal in ihrer Zeit als Frauenministerin, 1994.

ten Mal wurden Frauenthemen getrennt von Familienthe-
men behandelt. Johanna Dohnal wurde Staatssekretärin
für allgemeine Frauenfragen, sie musste sich allerdings
»Staatssekretär« nennen. Noch. »Am schwierigsten war
es, den Platz für Frau Dohnal zu sichern, die ja eine wan-
delnde Provokation ist«, erinnerte sich Kreisky später.
Johanna Dohnal polarisierte.

Schon vor ihrer Berufung als Frauenministerin hatte
die Politikerin unzählige Verbesserungen für Frauen und
Kinder erreicht. Einmischung in alle Bereiche, Zusammenarbeit quer durch die Ressorts und mit Frauen aus
der Bevölkerung wurden für sie zum Prinzip. Unbequem
sein und nicht lockerlassen war ihre Devise, mit der sie
sich auch viele GegnerInnen und mediale Schläge einhan-
delte. Sie erreichte unter anderem gleiche Lehrpläne für
Mädchen und Buben, dass Mädchen einen technischen
Beruf erlernen können, erstmals wurden umfassende Er-
hebungen über die Situation von Frauen in Österreich
angestellt, und sie führte Frauenservicestellen ein. Zudem
wurde der Opferschutz für Frauen, die sexuelle Gewalt
erlebt hatten, wesentlich verbessert, die Karenzregelung
[Elternzeitregelung] novelliert, die Quotenregelung und
ein Sexismusbeirat eingeführt und Modelle zur Alters-
sicherung für Frauen erarbeitet. Dass 1978 das erste Frau-
enhaus Österreichs in Wien eröffnet wurde, ist ebenfalls
Johanna Dohnal zu verdanken. Sie sorgte auch dafür, dass
die Wiener Frauenhäuser zwar autonom geführt werden,
aber bis heute ein Fixposten im Budget der Stadt Wien
sind.

1980, in dem Jahr, als Dohnal bei der zweiten Welt-
frauenkonferenz in Kopenhagen die UN-Konvention zur
Beseitigung jeglicher Diskriminierung der Frau unterschrieb, entdeckte sie in der Entwicklungszusammenar-
beit ein weiteres Betätigungsfeld, das sie zunehmend aus-
baute. Das politische Klima sollte sich indes verändern:
1983 verlor die SPÖ die absolute Mehrheit, in der Folge
mussten Frauen wieder stärker um ihren Platz in der Politik und die Durchsetzung frauenpolitischer Anliegen
kämpfen. Dennoch wurde Dohnal 1987 zur Vorsitzenden
der SPÖ-Frauen und stellvertretenden Bundesparteivor-
sitzenden gewählt und am 17. Dezember 1990 schließlich
als erste Bundesministerin für Frauenangelegenheiten
Österreichs angelobt. Da sie 1988 Amtsbezeichnungen
geschlechtergerecht angleichen ließ, durfte sie sich nun
auch offiziell so nennen. Die Richtung, die die SPÖ und
die österreichische Politik allgemein zu dieser Zeit ein-
schlugen, gefiel ihr jedoch nicht. Die Arbeit mit den
Frauenorganisationen hingegen gab ihr Energie, um wei-
terzukämpfen. 1993 wurde das Bundes-Gleichbehand-
lungsgesetz durchgesetzt. »Es war ein Kampf bis zuletzt«,
so Dohnal.

Im März 1995 las sie in einem Nachrichtenmagazin,
dass sie und weitere Kollegen als Regierungsmitglieder
abgelöst werden sollten. Bundeskanzler Franz Vranitzky
wollte einen Generationenwechsel, Dohnal gehörte zu
den Dienstältesten. Ein Gespräch mit dem Kanzler folgte.
Aber dessen Entscheidung stand fest. Johanna Dohnal
verabschiedete sich. Unzählige Briefe und Danksagungen

fassungsloser BürgerInnen erreichten sie. Doch auch nach ihrem Rückzug ins Privatleben verstummte Johanna Dohnals Stimme nicht. Sie hielt Vorlesungen an Universitäten, engagierte sich bei Volksbegehren und meldete sich zu vielen aktuellen Themen zu Wort. Am 22. Jänner 2010 verpartnerte sich Johanna Dohnal mit ihrer langjährigen Lebensgefährtin Annemarie Aufreiter (seit 1976 war sie von ihrem Mann geschieden). Diese war bei ihr, als sie am 20. Februar 2010 im gemeinsamen Haus im Weinviertel an Herzversagen starb. Im Gedenken an die herausragende Frauenpolitikerin wurden 2010 ein Frauenwohnprojekt in Wien-Donaustadt, 2011 ein Gemeindebau in Wien-Penzing und 2012 der Johanna-Dohnal-Platz in Wien-Mariahilf nach ihr benannt.

*»Auf meinem Diwan wird
Österreich lebendig.«*

BERTA ZUCKERKANDL

SALONIÈREN UND KÜNSTLERINNEN

Berta Zuckerkandl
1864 – 1945

Emilie Flöge
1874 – 1952

Alma Mahler-Werfel
1879 – 1964

Trude Fleischmann
1895 – 1990

Eva Pawlik
1927 – 1983

Ende des 18. Jahrhunderts erreichten Salons als Treffpunkte des intellektuellen Lebens nach Italien, Frankreich und Deutschland auch die österreichische Monarchie. Der Erfolg eines Salons stand und fiel mit der Gastgeberin, der ehrwürdigen Salonière, die im Mittelpunkt des geselligen Geschehens stand. In ihren privaten Räumlichkeiten lud sie zu gehobener Konversation und Gedankenaustausch, sie war mit den Gepflogenheiten ihrer Gäste vertraut, wusste, wie man interessante Persönlichkeiten um sich scharte, und war eine geschickte Netzwerkerin.

Charlotte Greiner, Kammerfrau Maria Theresias, die Schriftstellerin Karoline Pichler und Freifrau Fanny von Arnstein, welcher Hilde Spiel eine umfassende Biografie widmete, zählen zu den umworbenen Begründerinnen der Wiener Salonkultur. Für viele höhere Töchter waren die elitären Salons damals auch ein inoffizieller Ort der Weiterbildung, wo sie mit Gelehrten Gespräche führen und ihren Wissensdurst stillen konnten, blieb doch intellektuelle Beschäftigung sonst den Männern vorbehalten. Arnsteins Tochter Henriette Pereira, ihre Schwester Cäcilie Eskeles oder Josephine von Wertheimstein setzten die Salontradition später fort, mit Wertheimsteins Tod 1894 ging die alte Wiener Salonkultur jedoch zu Ende. Eine neue Blüte erlebte sie vor allem durch die exklusiven Salons Berta Zuckerkandls und Alma Mahlers. Aber auch im offenen Haus der Reformpädagogin und Schulgründerin Eugenie Schwarzwald in der Josefstädter Straße sowie in ihrem Ferienheim am Grundlsee verkehrten junge

KünstlerInnen wie Adolf Loos und Oskar Kokoschka, Egon Friedell, Else Lasker-Schüler, Rainer Maria Rilke und die Schwestern Wiesenthal neben hohen Beamten und Schwarzwalds Lieblingsschülerinnen.

Die Salons als Orte geistigen Austauschs waren auch ein Gegenpol zu den Kaffeehäusern, die sich Frauen nur sehr zögerlich öffneten. Je mehr Frauen jedoch selbstbewusst die Räume öffentlichen Lebens eroberten, desto gewohnter wurde ihr Anblick an den Kaffeehaustischen. Hilde Spiel etwa traf man im Café Herrenhof, Berta Zuckerkandl und Lina Loos im Café Raimund. StudentInnen liebten das Kaffeehaus nicht nur wegen der intellektuellen Atmosphäre: »Man sparte die Kohle für den

Damen in einem Wiener Kaffeehaus, 1954.

Ofen zu Hause und konnte bei einer Tasse Kaffee und unendlich vielen Gläsern Wasser stundenlang ruhig in einem warmen Raum arbeiten«, beschrieb Architektin Margarete Schütte-Lihotzky die nach wie vor gelebte alte Wiener Kaffeehauskultur.

Einen Salon der anderen Art führten ab 1904 die Schwestern Flöge in der Mariahilfer Straße. In ihrem eleganten Modesalon unter der Leitung von Emilie Flöge ließen sich die Damen des Wiener Großbürgertums einkleiden. Die Modeschöpferin und Klimt-Muse passte die Kreationen der Pariser Modewelt an die Vorstellungen der Wienerinnen an und kombinierte sie mit eigenen Ideen. Zudem machte Flöge sich mit ihren avantgardistisch inspirierten, farbenfroh-künstlerischen Reformkleidern einen Namen.

Bunt und fröhlich ging es auch bei den Atelierfesten der Porträtfotografin und Fotokünstlerin Trude Fleischmann in der Zwischenkriegszeit zu. Ihr Mansardenatelier in der Ebendorferstraße entwickelte sich zum Kreativ-Treffpunkt ihrer Bekannten und Freunde, zu denen prominente Theaterleute und andere KünstlerInnen ebenso zählten wie junge Menschen, die bei ihr das Handwerk lernten. Fleischmann boten die Feste Gelegenheit, ihr umfassendes berufliches wie privates Beziehungsnetzwerk zu pflegen, das sich in vielen Personen mit jenen der Wiener Salonièren überschnitt.

Wie man Menschen um sich schart, das wusste auch die Wiener Eiskunstläuferin Eva Pawlik. Als gefeierter Star der »Wiener Eisrevue« versetzte die Europameisterin von 1949 Abend für Abend Zehntausende Menschen in Europa und Übersee in eine Traumwelt auf spiegelndem Parkett. Die 1945 gegründete Revue mit Eisballett, fantastischen Kostümen und dem Wiener »Operettenkönig« Robert Stolz als musikalischem Leiter zählte lange Jahre zu den beliebtesten Kulturexporten Österreichs. Für viele WienerInnen war der Besuch der Premiere am Vorweihnachtstag jedes Jahres ein unumgänglicher Pflichttermin. Wie die Wiener Salons, so ist auch die »Wiener Eisrevue« ein heute legendäres, wenn auch weitgehend in Vergessenheit geratenes Kapitel Wiener Tradition und Kulturgeschichte.

BERTA ZUCKERKANDL
1864–1945

»Auf meinem Diwan wird
Österreich lebendig.«

Geboren am 13. April 1864 als Bertha [sic!] Szeps, Tochter des Journa-
listen Moriz Szeps und dessen Frau Amalie, in Wien II. • Unterricht
durch Hauslehrer • 1878 Umzug in das Familienpalais Liechtenstein-
straße 51, Wien IX. • 1883 Bekanntschaft mit Georges Clemenceau •
1886 Heirat mit Emil Zuckerkandl • Umzug nach Graz • 1888 Rückkehr nach Wien; Bezug der Villa in der Nußwaldgasse in Wien-
Döbling • Eröffnung ihres Salons • Beginn ihrer journalistischen
Karriere • 1895 Geburt von Sohn Fritz • 1916 Umzug in die Oppolzergasse 6, Wien I. • Eröffnung des zweiten Salons • politische Inter-
ventionen für Österreich • 1938 Emigration nach Frankreich •
1940 Flucht nach Algier • Diktat ihrer Erinnerungen • gestorben am
16. Oktober 1945 nach schwerer Krankheit in Paris; beerdigt auf dem
Friedhof Père Lachaise

»Liebe Freundin, Österreichs unwiederholbare Kultur
muß gerettet werden. Wir wollen [...] Salzburg zum Symbol erheben [...] Max Reinhardt und ich wollen [...] seine
Seele unsterblich erhalten. [...]«, schrieb Hugo von Hofmannsthal 1917, kurz nach Ende des Ersten Weltkriegs,
an Berta Zuckerkandl. »Sie aber sollen unser Herold
sein. [...] Salzburger Festspiele, die wollen wir ins Leben

rufen.« Die Journalistin war
sofort Feuer und Flamme für
die Idee. Als 1920 die ersten
Salzburger Festspiele eröffnet
wurden, schrieb sie als Mitini-
tiatorin das Geleitwort für das
Programmheft.

Zuckerkandl hatte ihren
Eifer und ihr Engagement für
gesellschaftliche Belange von
ihrem Vater geerbt. Der Journalist Moriz Szeps hatte 1867,
drei Jahre nach Bertas Geburt,
das liberale *Neue Wiener Tag-
blatt* übernommen; zu einer
Zeit, als Zensur und Kaiser-
treue noch die Medienwelt regierten. Er war ein enger
Freund des Kronprinzen Rudolf, dessen regimekritische
Artikel unter einem Pseudonym in Szeps' Zeitung erschienen. Schon früh hatten die Eltern Berta in ihr gesellschaftliches und politisches Leben miteinbezogen. Mit
19 Jahren lernte Berta so den französischen Staatsmann
Georges Clemenceau kennen. Dessen Bruder Paul ver-
mählte sich später mit ihrer Schwester Sophie, was Berta
zu Kontakten in Frankreichs Kunst- und Politikkreisen
verhalf. Wie ihr Vater und ihr Bruder Julius, Chefredakteur der *Wiener Allgemeinen Zeitung* (*WAZ*), hatte sich
auch Berta für den Journalismus entschieden. Noch gab
es sehr wenige Frauen, die in diese Männerdomäne vor-

dringen konnten. Unter dem Kürzel »B.Z.« schrieb sie viel beachtete (außen-)politische und kulturelle Artikel (zunächst für die *WAZ* und die Secessionszeitung *Ver Sacrum*, ab den 1920er Jahren für das *Neue Wiener Journal*) und machte sich als Kunstkritikerin einen Namen. Jungen, umstrittenen Künstlern wie Gustav Klimt verlieh sie in ihren Berichten eine Stimme. Mit ihren flammenden, fortschrittlichen Inhalten provozierte sie das traditionsverhaftete, konservative Bürgertum.

Durch die Heirat mit dem bekannten Anatomen Emil Zuckerkandl 1886 machte Berta weitere interessante Bekanntschaften, etwa mit dem Schriftsteller und Arzt Arthur Schnitzler, der sie wiederum Hermann Bahr, Hugo von Hofmannsthal oder Peter Altenberg vorstellte. Als sie 1888 ihren ersten Salon in ihrer Biedermeiervilla in der Döblinger Nußwaldgasse eröffnete (die ihr angeblich vor dem Kauf im Traum erschienen war), kannte sie bereits eine Menge spannender Persönlichkeiten. Jeden Mittwoch traf man sich bei Zuckerkandls zum Jour fixe. »Bald war unser Haus das Zentrum einer Gruppe von Freunden; Künstlern, Wissenschaftlern, Musikern. Seit meiner frühesten Jugend war ich gewohnt gewesen, Gäste zu empfangen. Ich tat dies in einer oft unkonventionellen Art, aber man kam gerne und oft in unser ›Traumhaus‹«, erinnerte sich Berta. Ihr Salon zeichnete sich durch Toleranz aus: linke und christlich-soziale Politiker, Menschen jüdischen und katholischen Glaubens, alle waren sie gleichermaßen willkommen. Die Gründungen der KünstlerInnenvereinigungen Wiener Secession und Wiener Werkstätte (die Berta tatkräftig unterstützte) nahmen in diesem Salon ebenso ihren Anfang wie die Beziehung von Alma Schindler und Gustav Mahler.

Viele Stunden ihres Lebens verbrachte die umtriebige Journalistin am Telefon, kein gesellschaftliches Ereignis, keine Premiere, keine Eröffnung fand in Wien mehr ohne Berta Zuckerkandl statt. »Oft hat ein Gespräch, eine Nachricht, eine Bitte den Anfang, den Höhepunkt oder das Ende schicksalhafter Wendung bedeutet«, schrieb sie. Als der Thronfolger Franz Ferdinand 1911 eine Secessionsausstellung der Künstlergruppe Hagenbund mit Oskar Kokoschkas Werken als »Schweinerei« schließen lassen wollte, las der Kaiser Bertas geschickt formulierten Rettungsartikel. Die Schließung der Ausstellung wurde folglich untersagt. Als Geheimdiplomatin setzte sie sich 1917 für einen Separatfrieden zwischen Frankreich und Österreich ein. Ihre Friedensbemühungen scheiterten zwar, doch mit ihrem Appell an ihren alten Freund Georges Clemenceau gelang es ihr, nach dem Krieg Lebensmittellieferungen an die hungrige österreichische Bevölkerung zu erwirken. Ebenso erfolgreich stellte sie später eine Verbindung zwischen dem französischen Finanzminister Joseph Caillaux und dem österreichischen Kanzler Ignaz Seipel her, um eine Völkerbundanleihe für Österreich zu erzielen, die der rasenden Inflation im Land Einhalt gebieten sollte.

Ab 1916 lebte die Hofrätin, ihr Mann war 1910 gestorben, in einer Vierzimmerwohnung in der Oppolzergasse 6, im Haus des Café Landtmann, gleich neben dem

Burgtheater. Ihr Salon war einer der letzten seiner Art in Europa. Man traf sich nun sonntagnachmittags bei ihr zu Tee, Kaffee und belegten Brötchen, wobei die Gastgeberin stets neben ihren Gästen auf dem breiten Jugendstildiwan, ihrem Lieblingsmöbel, Platz nahm. »Diese Diwanecke ist der Hauptbestandteil meines geselligen Lebens«, schrieb Berta. »[...] Auf meinem Diwan wird Österreich lebendig.« Einen Eindruck der Salonatmosphäre gibt die Diplomatengattin Helene von Nostitz: »Wie eine exotische Blume wirkte sie [Zuckerkandl] in ihrem feinfarbigen Interieur von [Josef] Hoffmann. [...] Man war mit ihr immer optimistisch im Glauben an eine Zukunft, es mochte noch so düster aussehen. Diese Hei-

Über dem Café Landtmann in der Oppolzergasse führte Berta Zuckerkandl ihren legendären Salon.

terkeit, von der man in Wien viel spricht [...], fand man wirklich bei ihr.«

Anders als im Salon ihrer Freundin Alma Mahler, mit der sie viele Gäste »teilte«, fanden rechtsextreme, antisemitische Politiker bei Berta keinen Zutritt. Ihr Salon war zudem »literarisch radikaler«, wie es der Schriftsteller Franz Theodor Csokor ausdrückte. Nach dem Einmarsch Hitlers 1938 musste Berta als Tochter jüdischer Eltern nach Frankreich emigrieren. 1939 erschienen ihre Memoiren *Ich erlebte 50 Jahre Weltgeschichte*. Im Jahr darauf flüchtete die mittlerweile über 70-jährige Pazifistin mit ihrer Familie nach Algier. Sie schaffte es noch, ihrem Enkel den zweiten Teil ihrer Erinnerungen zu diktieren, bevor sie nach schwerer Krankheit 1945 in einem Pariser Spital starb. »Ein Star war sie, der sogenannte Kopf der Wiener Intelligenz«, sagte die Tänzerin Maria Ley über Berta Zuckerkandl. »Sie besaß eine Aura von Freiheit! [...] Sie war kein Kind ihrer Zeit. Sie kam aus der Zukunft.«

EMILIE FLÖGE
1874–1952

---

*»Ihrer Intelligenz und ihrer Schaffenskraft
war es zu verdanken, daß sie die schönsten
Modelle aus Paris brachte und dadurch das
Haus Schwestern Flöge zu Ansehen in der
Aristokratie und im Geldadel brachte.«*

HERTA WANKE, VON 1932 BIS 1938 LEHRMÄDCHEN IM SALON
»SCHWESTERN FLÖGE«, ÜBER EMILIE FLÖGE

Geboren am 30. August 1874 als Emilie Louise Flöge, Tochter eines
Drechslermeisters und Meerschaumfabrikanten und dessen Frau
Barbara, in Wien VI. • Schneiderinnenausbildung, erste Auftrags-
arbeiten • 1891 Hochzeit ihrer Schwester Helene mit Gustav Klimts
Bruder Ernst • Bekanntschaft mit Gustav Klimt, später dessen
Lebenspartnerin und Muse • 1904 Eröffnung des Modesalons
»Schwestern Flöge« in der Casa Piccola, Mariahilfer Straße 1b • Ver-
treterin der kreativen Mode der Wiener Moderne mit Kunst- und
Reformkleidern • Zusammenarbeit mit der KünstlerInnenvereinigung Wiener Werkstätte • 1918 Tod Gustav Klimts • 1938 Auflösung
des Modesalons und Übersiedlung in die Ungargasse 39 in Wien III. •
gestorben am 26. Mai 1952 in Wien an Nierenversagen

Spaziert man vom Burggarten die Babenbergerstraße
hinauf oder durchquert vom Volkstheater kommend
das Museumsquartier, so stößt man an der Ecke Mariahilfer Straße/Rahlgasse auf ein Wohn- und Geschäftshaus

mit Turm aus der Jahrhundertwende. Die sogenannte Casa Piccola verdankt ihren Namen dem ehemaligen Kaffeehaus im Erdgeschoss, welches die Eltern der Schauspielerin und Schriftstellerin Lina Loos 1897 übernahmen. Im ersten Stock dieses Hauses befand sich bis 1938 der stadtbekannte Modesalon der »Schwestern Flöge«.

Emilie, Helene und Pauline Flöge hatten den Betrieb 1904 gemeinsam gegründet. Emilie übernahm die künstlerische Leitung, Helene betreute die KundInnen, Pauline das Büro. Die Schwestern hatten sich keine einfache Zeit ausgesucht: Großkonfektionäre und aufstrebende Warenhäuser wie Gerngross mit Kleidung »von der Stange« bedrohten das Schneiderhandwerk. Kreationen der Pariser Couturiers traten in Konkurrenz zu den Modellen der Wiener KleidermacherInnen, wogegen diese mit einer »Los von Paris!«-Bewegung, einem feurigen Plädoyer für die Wiener statt der vorherrschenden Pariser Modewelt, Sturm liefen.

Emilie Flöge hatte ihre eigenen Vorstellungen von Mode: Die Reformkleiderbewegung hatte um 1900 die

Bildnis Emilie Flöges in einem Reformkleid, 1909.

verstaubte Modewelt revolutioniert. Frauen sollten sich von modischen Zwängen befreien, keine beengenden Korsette mehr schnüren und unpraktische Kleidung tragen müssen, weil die Gesellschaft es ihnen diktierte. Einfache, fließende, von Antike und Empire inspirierte Kleider, die bequem auf den Schultern saßen statt auf Rippen und Hüften, wurden von ReformerInnen als Symbol für die Befreiung der Frau von aufgezwungenen Vorstellungen und Normen beworben.

Emilie Flöges Kreationen waren ganz in diesem Sinne. Mit ihrer Mischung aus Reform- und kreativem Wiener Künstlerkleid (die Kleidung sollte damals ebenso zum Kunstwerk erhoben werden wie Architektur, Malerei und Mobiliar) setzte sie sich ein Denkmal in der Wiener Kunst- und Modegeschichte. Daneben verstand sie es ge-

schickt, die angesagte Pariser Damenmode an die Anforderungen der Wiener Kundschaft anzupassen und, bereichert durch ihre eigenen Ideen, maßgeschneidert an die Frau zu bringen. Im Herbst und Frühjahr reiste die Modeschöpferin zu den Modenschauen nach Paris, kaufte Stoffe und ließ sich in Modehäusern wie jenem von Charles Frederick Worth inspirieren, später auch von

Coco Chanel und Elsa Schiaparelli. Skizzen und Aufzeichnungen machte sie dabei nie, dank ihres außergewöhnlichen fotografischen Gedächtnisses behielt sie die neuen Entwürfe immer im Kopf. In ihrem Salon wurden die Pariser Schnitte dann für die rundlichere Figur der Wienerinnen abgeändert. 80 Schneiderinnen und drei Zuschneiderinnen beschäftigte der Salon »Schwestern Flöge« in seiner besten Zeit. In einem Zimmer befand sich die französische, auf Kleider und Abendmode spezialisierte »Abteilung«, in einem weiteren die englische für Mäntel und Kostüme. Auch Emilie legte gerne selbst mit Hand an, schon frühmorgens soll sie erste Anweisungen gegeben und dann »wie eine Bildhauerin« an der Schneiderpuppe gearbeitet haben.

Obwohl der Name Emilie Flöge heute mit ihren künstlerischen Reformkleidern verbunden wird, lebte der Salon hauptsächlich vom Verkauf der konventionellen Modelle. Vor allem in späteren Jahren passte sich Emilie Flöge in ihren Kreationen dem Modestil der jeweiligen Zeit an. Ihre künstlerisch aufgeschlossenen Kundinnen schätzten und unterstützten zwar die Avantgarde, trugen aber selbst meist weniger extravagante Kleidung. Für die Damen des Wiener Großbürgertums und der jüdischen Industriellenfamilien wie Clarisse Rothschild, Mäda Primavesi oder Sonja Knips gehörte es zum guten Ton, sich bei Emilie Flöge einzukleiden. Nur sie konnten sich die-

Im ersten Stock der Casa Piccola in der Mariahilfer Straße befand sich bis 1938 der Modesalon der »Schwestern Flöge«.

sen Luxus auch leisten: Rechnungen aus dem Nachlass Flöge belegen, dass der Modesalon nicht nur zu den besten, sondern auch zu den höchstpreisigen in Wien zählte. Für einen Seidenplisseerock etwa wurden 1912 190 Kronen verrechnet – eine ausgelernte Damenschneiderin verdiente um 1907 gerade einmal zwei bis drei Kronen täglich. Ein Stoffkleid und die Ausbesserung eines Mantels kosteten 1937 410 Schilling – so viel bekam ein pragmatisierter [verbeamteter] Richter im Monat.

Doch Emilie war nicht nur emanzipierte Geschäftsfrau, sondern auch Muse: Durch die Freundschaft der Flöges mit der Familie Klimt – die Väter hatten gemeinsam die Akademie der bildenden Künste besucht – lernte sie den um zwölf Jahre älteren Maler Gustav Klimt kennen. 1891 heiratete dessen Bruder Ernst Klimt Emilies Schwester Helene, was Emilie und Gustav einander näherbrachte. Aus Freundschaft wurde eine innige Lebenspartnerschaft, die bis heute für Spekulationen um das Liebesleben der beiden sorgt. Sie traten öffentlich als Paar auf, lebten aber getrennt voneinander und heirateten nie. Sicher ist, dass sie einander zutiefst schätzten, sich sehr nahe standen und künstlerisch inspirierten. Während Emilie sich bei ihren Kunstkleiderentwürfen gern von der Idee des klimtschen »Gesamtkunstwerks« leiten ließ, verewigte er seine »Midi« unter anderem im »Porträt Emilie Flöge«, das heute im Wien Museum am Karlsplatz

---

In seinen Gemälden verewigte Gustav Klimt seine Muse.
Hier: »Porträt Emilie Flöge«, 1902, Wien Museum.

zu sehen ist. Auch das Paar auf dem berühmten Gemälde »Der Kuss« soll Gustav und Emilie darstellen.

Für Werbefotografien ihrer Kleiderkollektion stand Emilie auch selbst Modell. Die von Gustav Klimt am Attersee angefertigte Serie mit Modeaufnahmen von Reformkleidern nach Entwürfen aus Klimt-Kreisen blieb im Nachlass Emilie Flöges erhalten. Privat trug die Modeschöpferin zur Zeit der Wiener Moderne auch selbst Reformkleider, häufig kombiniert mit Schmuckstücken der KünstlerInnenvereinigung Wiener Werkstätte, welche ihr Klimt im Laufe der Jahre schenkte und die auf vielen Aufnahmen von ihr zu sehen sind. Für die Wiener Werkstätte, deren Gründer Koloman Moser und Josef Hoffmann die schwarz-weiße Jugendstileinrichtung des Modesalons entwarfen, war Emilie eine wichtige Werbeträgerin, verkehrte bei ihr doch die kaufkräftige High Society. In den Glasvitrinen des Empfangsraums waren deshalb ebenfalls Wiener-Werkstätte-Preziosen ausgestellt.

Nach dem Ersten Weltkrieg war die beste Zeit des Salons »Flöge« vorbei. 1917 starb die älteste Flöge-Schwester Pauline und im darauffolgenden Jahr Emilies Lebensmensch Gustav Klimt. Mit seinem Tod verlor Emilie Flöge auch ihre künstlerischen Ambitionen. Dass der Salon die Nachkriegszeit überlebte, verdankte er den Kundinnen, deren Familien Geldquellen oder Betriebe im Ausland hatten, wie die Rothschilds, Guttmanns oder Lederers. Die Auftragslage wurde jedoch schwächer, die Anzahl der Näherinnen musste von 80 auf 20 reduziert werden. 1929, nach dem großen Börsenkrach, verlor Emilie Flöge weitere Kundschaft, Mitte der 1930er Jahre auch ihre jüdischen Stammkundinnen, von denen die meisten vertrieben wurden. Nach dem Einmarsch Hitlers in Österreich kam das Geschäft schließlich endgültig zum Erliegen. Emilie Flöge sah sich gezwungen, den Salon aufzulösen. Ihr letztes Mannequin wurde 1938 »infolge zeitbedingter Stilllegung des Betriebes« gekündigt.

Nach der Schließung zog die Modeschöpferin in die Ungargasse 39 im dritten Wiener Gemeindebezirk. Sie lebte dort mit ihrer Nichte Helene Donner, der Tochter von Emilies Schwester Helene, die 1936 verstorben war. Helene Donner hatte nach Paulines Tod 1917 deren Aufgaben im Salon übernommen. In den Kriegsjahren wohnten die Frauen zum Teil auch im Haus der Flöges in Weißenbach am Attersee. Emilie hatte dort viele Sommer mit Gustav Klimt und ihrer Familie verbracht, wenn der Salon geschlossen war. 1945 vernichtete ein Brand einen Großteil der Wiener Wohnung und damit auch den letzten Rest des Saloninventars sowie wertvolle Gegenstände, die Klimt seiner Muse hinterlassen hatte.

Am 26. Mai 1952 starb Emilie Flöge an Nierenversagen in Wien. Ihr Nachlass wurde 1983 in der Wohnung in der Ungargasse entdeckt. Eine Gedenktafel an der Casa Piccola, über jener von Lina Loos, erinnert heute noch an die Modeschöpferin und Muse und den Salon der »Schwestern Flöge«. Auch das verstärkte Interesse an Gustav Klimt anlässlich seines 150. Geburtstags im Jahr 2012 rückt Emilie Flöge wieder in den Blickpunkt der Öffentlichkeit.

ALMA MAHLER-WERFEL
1879–1964

❧

»Sie stand bereits zu Lebzeiten unter
Denkmalschutz und sie machte weidlich
Gebrauch davon.«

FRIEDRICH TORBERG ÜBER ALMA MAHLER-WERFEL

Geboren am 31. August 1879 als Alma Maria Schindler, Tochter des Malers Emil Schindler und der Sängerin Anna Bergen, in Wien IV. • ab 1895 Kontrapunktstudium bei Josef Labor • ab 1897 Komposition bei Alexander von Zemlinsky • 1902 Heirat mit Gustav Mahler • Geburt der Töchter Maria (1902) und Anna (1904) • 1912 bis 1915 Verhältnis mit Oskar Kokoschka • 1915 Heirat mit Walter Gropius • 1916 Geburt von Tochter Manon • 1918 Geburt von Sohn Martin (mit Franz Werfel) • 1929 Heirat mit Franz Werfel • 1938 Flucht nach Südfrankreich • 1940 Flucht nach Los Angeles • 1951 Übersiedlung nach New York • 1958 Veröffentlichung ihrer Memoiren • gestorben am 11. Dezember 1964 in New York an Diabetes • Beisetzung am 8. Februar 1965 in Wien-Grinzing

Ein Abendessen in kleiner Gesellschaft plante Berta Zuckerkandl, als sie den Wiener Hofoperndirektor und Komponisten Gustav Mahler im November 1901 zu Besuch in ihren Salon bat. Neben Hermann Bahr, Max Burckhard, Gustav Klimt und Bertas Schwester Sophie war auch der Maler Clemens Moll mit Stieftochter Alma

Schindler geladen. Alma und Gustav Mahler kamen ins Gespräch, das zum Streit über eine Ballettpartitur von Alexander von Zemlinsky führte, die Mahler abgelehnt hatte. Alma nahm seit geraumer Zeit Unterricht bei Zemlinsky, mit dem festen Wunsch, Komponistin zu werden. Mahler lud sie, Berta und Sophie für den nächsten Tag zur Probe von »Hoffmanns Erzählungen« in die Oper ein. Der Streit war

vergessen. »Ich muss sagen, er hat mir *ungemein* gefallen – allerdings furchtbar nervös«, notierte Alma in ihr Tagebuch. Am 9. März 1902 heiratete das Paar in der Wiener Karlskirche. Almas größte Sorge war gewesen, ob Mahler ihre Kunst unterstützen würde. Sie wusste, dass sie ihre Musik würde verteidigen müssen, denn: »Er hält von meiner Kunst gar nichts – von seiner viel – und ich halte von seiner Kunst gar nichts und von meiner viel.« Ihre Bedenken waren berechtigt. Schon bald nach der Verlobung hatte Mahler ihr mitgeteilt, dass es nur einen Komponisten im Hause geben könne: »Aber daß du so werden mußt, wie ich es brauche, wenn wir glücklich werden sollen, mein Eheweib und nicht mein College –

Porträt Alma Mahler-Werfels, 1909.

das ist sicher! [...] Die Rolle des ›Compositeurs‹, die Welt des ›Arbeitens‹ fällt mir zu. [...] Viel lieber jetzt noch eine Trennung zwischen uns, als einen Selbstirrthum weitergeführt.« Alma musste sich entscheiden. Sie war »kunstbesessen von eh und je«, wie sie selbst sagte. Schon als Kind nahm sie eifrig Klavierunterricht, ihre eigentliche Liebe galt aber dem Komponieren. Mit 16 begann sie, Kontrapunkt bei Komponist Josef Labor zu studieren, und schrieb Lieder, die ihre Mutter, von ihr am Klavier begleitet, vortrug. Mit Alexander von Zemlinsky, dem späteren Lehrer von Arnold Schönberg, verband sie nicht nur die Formenlehre, sondern auch eine leidenschaftliche Beziehung. Zemlinsky hatte ihre Musik zwar als fehlerhaft kritisiert, ihre Ambitionen jedoch ernst genommen. Die meisten von Almas Werken sind heute verschollen, bekannt sind der Anfang einer Oper, »Fünf Lieder« und »Vier Lieder« für Gesang mit Klavier sowie »Fünf Gesänge« für Klavier und Orchester und zwei Lieder aus dem Nachlass.

Nach ihrer Heirat stellte Alma das Komponieren ein. »Ich habe nun ein Ziel: mein Glück für das eines anderen zu opfern und vielleicht dadurch selber glücklich zu werden.« Täglich kopierte sie nun Gustav Mahlers Partituren. 1902 kam ihre erste Tochter Maria zur Welt, 1904 folgte Anna. Alma führte ein Dasein als Schattenkünstlerin: »Seit Tagen und Nächten webe ich wieder Musik in meinem Inneren. So laut, so eindringlich, daß ich es beim Sprechen unter den Worten fühle [...].« Kurz vor Mahlers Tod im Jahr 1911, Alma hatte bereits eine Affäre mit dem

Architekten Walter Gropius, ermutigte dieser seine Frau schließlich, wieder zu komponieren. Ihre »Fünf Lieder« erschienen noch im selben Jahr in der Universal-Edition,

vier davon wurden im Dezember 1910 im Wiener Bösendorfer Saal uraufgeführt. Das Publikum zeigte sich angetan, die *Neue Freie Presse* empfand Almas Lieder als »anspruchslos«, aber »warm empfundene Musik«; die *Wiener Allgemeine Zeitung* schrieb von »an sich reizvollen« Liedern, die mit »starker melodischer Begabung erfüllt« seien. 1915 erschienen die »Vier Lieder«, mit einer Zeichnung von Almas Liebhaber Oskar Kokoschka auf dem Titelblatt.

Mit dem Maler führte die Muse eine dreijährige Amour fou, geprägt von einem Wechselbad stürmischer Gefühle. Als die Beziehung zerbrach, flüchtete Alma fast nahtlos in die, ebenfalls unglücklich endende, Ehe mit Walter Gropius.

Zu dieser Zeit führte Alma bereits ihren legendären Salon, in Konkurrenz zu ihrer Freundin Berta Zucker-

---

Mit einer Zeichnung von Oskar Kokoschka auf dem Titelblatt erschienen 1915 die »Vier Lieder« der Komponistin.

kandl. In ihrer Wohnung in der Elisabethstraße umgab Alma sich mit KünstlerInnen und LiteratInnen, Theaterleuten, Geistlichen und PhilosophInnen, wobei sie sich selbst am gekonntesten in Szene zu setzen wusste. 1931 übersiedelte Alma, nun geschiedene Gropius, mit Ehemann Nummer drei, dem jüdischen Schriftsteller Franz Werfel, in die luxuriöse Jugendstilvilla in der Steinfeldgasse auf der Hohen Warte. Fast täglich kamen Gäste, »bei allen Einladungen [...] präsidierte stets Alma. Großgewachsen, immer in knöchellangen Kleidern, strahlendes Haar, Schmuck, der recht schillernd auffiel. Es gab stets viel und gut zu essen und zu trinken, und Alma wusste sehr genau, wie den Gästen ein schöner und angenehmer Abend zu bereiten ist«, schrieb Johannes Trentini, Sohn des Schriftstellers Albert von Trentini, der oft bei ihr zu Besuch war. Und Klaus Mann blieb in Erinnerung: »Frau Alma [...] machte den Salon, wo tout Vienne sich traf: Regierung, Kirche, Diplomatie, Literatur, Musik, Theater – alle waren da.« Überall in Wien war »auf die penetranteste Art und Weise von der Alma Mahler die Rede«, so Schriftsteller Elias Canetti.

Die Salonière liebte den Trubel. In den 1930er Jahren verkehrten auch zunehmend hochrangige, häufig judenfeindliche Politiker auf der Hohen Warte. Obwohl Almas Männer wie Gäste vielfach jüdischer Herkunft waren, machte sie aus ihrer antisemitischen Einstellung kein Hehl. Heimwehroffiziere, SozialistInnen und jüdische KünstlerInnen amüsierten sich bei ihr in bizarrem Einvernehmen Seite an Seite. »Im Salon Alma Mahler-

Werfels scheuen sich Ödön von Horvath, Franz Theodor Csokor und Carl Zuckmayer nicht, mit den Regierungsmitgliedern des Ständestaates und den fragwürdigen Kulturpolitikern der ›Vaterländischen Front‹ zusammenzutreffen«, erboste sich die Schriftstellerin Hilde Spiel darüber. Oder, wie Klaus Mann es formulierte: »Ein Stich ins Makabre war charakteristisch für das Wien dieser Epoche.«

1938 flüchteten Alma und Franz Werfel erst nach Südfrankreich und 1942 weiter nach Los Angeles. In deren Anwesen in Beverly Hills führte die Wienerin mit dem Ruf der Femme fatale erneut einen beliebten Salon für KünstlerInnen im Exil. Zu ihrem »kleinen bedeutenden Kreis«, so Alma, zählten unter anderen Thomas und Katia Mann, Arnold Schönberg, Erich Maria Remarque, Wolfgang Korngold oder Friedrich Torberg. 1951, sechs Jahre nach dem Tod ihres Mannes, zog Alma nach New York, wo sie sich um die Nachlässe Mahlers und Werfels kümmerte, ihre Memoiren veröffentlichte und mit 85 Jahren an der unheilvollen Kombination von Diabetes und Kräuterschnaps starb.

TRUDE FLEISCHMANN
1895-1990

---

*» Manchmal verliebte sie sich in Gesichter, und
wenn das geschah, ließ sie so lange nicht locker,
bis sie es fotografieren konnte.«*

HANS SCHREIBER ÜBER TRUDE FLEISCHMANN

Geboren am 22. Dezember 1895 in Wien I. • Matura am Lyzeum des
Schulvereins für Beamtentöchter • 1913 bis 1916 Ausbildung in Fotografie und Reproduktionsverfahren an der k. k. Graphischen Lehr-
und Versuchsanstalt in Wien • 1916 Praktikantin im Fotoatelier
»d'Ora« • 1916 bis 1919 Lehre im Fotoatelier »Schieberth« • ab 1920
eigenes Atelier in der Ebendorferstraße 3 • künstlerische Porträt-,
Rollen-, Tanz- und Aktfotos, Reise- und Landschaftsbilder, zahlreiche
Ausstellungen • 1938/39 Emigration über Paris und London in die
USA • 1940 bis 1969 eigenes Fotostudio in Manhattan • 1969 Umzug
ins schweizerische Lugano • 1988 wird sie von ihrem Neffen in die USA
zurückgeholt • gestorben am 21. Jänner 1990 in Brewster, New York

Trude Fleischmann war neun Jahre alt, als die Eltern ihr
zu Weihnachten ihren ersten Fotoapparat schenkten. Hin-
eingeboren in eine wohlhabende jüdische Kaufmannsfamilie, genossen sie und ihre beiden Geschwister eine
bürgerlich-liberale Erziehung. 1913 begann Trude ihre
Ausbildung als Fotografin an der k. k. Graphischen Lehr-
und Versuchsanstalt in der Westbahnstraße (heute Ley-

serstraße). Erst seit 1908 waren Frauen zum regulären Studium an der »Graphischen« zugelassen. Viele bekannte Namen fanden sich zu dieser Zeit unter den Schülerinnen, darunter die Fotografinnen Grete Weissenstein, Grete Kolliner, Edith Barakovich oder Edith Glogau, aber auch die spätere Architektin Margarete Schütte-Lihotzky.

Nach Studienabschluss 1916 bewarb sich Trude Fleischmann als Praktikantin im renommierten Fotoatelier »d'Ora« bei Dora Kallmus, der Pionierin unter den Wiener Fotografinnen. Auch Anna Sacher, Berta Zuckerkandl, Alma Mahler oder Emilie Flöge ließen sich, wie viele VertreterInnen aus Kunst, Kultur und höherer Gesellschaft, von Madame d'Ora porträtieren. Kallmus

Trude Fleischmann mit ihrer Kamera im Atelier, 1929.

missfiel jedoch Fleischmanns langsames Arbeitstempo, und das viele Retuschieren langweilte die Jungfotografin, sodass sie sich schon nach zwei Wochen verabschiedete.

Am Opernring bei Hermann Schieberth fand Trude Fleischmann schließlich eine fotografische Heimstätte: »In der Auslage hingen Bilder, die mich ungeheuer interessiert haben, und zwar von Karl Kraus, Adolf Loos und Oskar Kokoschka. Als ich die Bilder sah, bin ich in das Atelier Schieberth gegangen, hab' mich vorgestellt und gefragt, ob ich dort arbeiten könnte.« Während ihrer dreijährigen Lehrzeit zeigte sich Trudes großes Talent für die Porträtfotografie. Eine von ihr gemachte Aufnahme von Peter Altenberg und Adolf Loos führte zu einer persönlichen Begegnung zwischen Lehrmädchen und Schriftsteller: »Sei, der du bist, nicht mehr und nicht weniger, aber der sei vollkommen!«, legte ihr Altenberg nahe. »Diesen Spruch habe ich mir zur Richtschnur genommen und versucht, wenigstens die zu sein, die ich bin«, so die Fotografin.

1920 eröffnete Trude Fleischmann mit Unterstützung ihrer Familie ein eigenes Fotoatelier in der Mansarde des Hauses Ebendorferstraße 3 neben dem Wiener Rathaus. Während des Ersten Weltkriegs hatten viele Frauen aus Mangel an männlichen Arbeitskräften Eingang in männerdominierte Berufe gefunden, so auch in die Fotografie. Viele junge Fotografinnen machten sich Anfang der 1920er Jahre selbstständig. Sie fotografierten moderner und gewagter als ihre VorgängerInnen und sahen sich als Künstlerinnen statt als Handwerkerinnen –

sehr zum Missfallen älterer Kollegen, die darin eine Gefahr für den Berufsstand sahen. Der Fotograf Hermann
Clemens Kosel schimpfte gar, dass sie »mit oberfläch-
lichen, sinnlichen und posierten modelüsternen Auffas-
sungen das Dirnentum ins Lichtbild« gebracht und »den
sittlichen Ernst der Kunst
ins Abgeschmackte« gezogen
hätten.

Als Vertreterin der gemä-
ßigten Moderne machte sich
Trude Fleischmann vor allem
mit ihren sachlichen, aber ein-
fühlsamen Porträts einen Namen. Oft kam sie dabei mit
der Kamera sehr nah an die
Gesichter heran, große Ge-
sichtsstudien waren ihre Spe-
zialität. Sie hatte ein gutes
Gefühl für die räumliche An-
ordnung der Personen im

Bild, spielte mit Licht und Schatten, Nähe und Distanz,
um den individuellen Charakter der Dargestellten her-
vorzuheben. Personen aus dem Wiener Kultur- und Intel-
lektuellenkreis, die sie teils schon von Schieberth kannte,
sowie Menschen aus dem Großbürgertum ließen sich von
ihr ablichten. Bald entwickelte sich Trude Fleischmann

*Fleischmanns berühmtes Doppelporträt des Architekten Adolf
Loos und des Schriftstellers Peter Altenberg, 1918.*

zur bekanntesten Atelierfotografin der Zwischenkriegszeit. Sie fertigte Rollenbilder von Theaterstars wie Paula
Wessely und der Schauspielerfamilie Thimig an, porträ-
tierte Karl Kraus und Wilhelm Furtwängler, Stefan Zweig,
Alfred Polgar, Lotte Lehmann, Marianne Hainisch und
Rosa Mayreder und wurde sogar mit der Kamera ans
Totenbett von Alban Berg gerufen. Mit vielen ihrer pro-
minenten KundInnen verband sie auch eine enge Freundschaft, was der natürlichen und unbefangenen Darstel-
lung entgegenkam.

Der aufstrebende moderne Tanz bot in den 1920er
Jahren ein weiteres Betätigungsfeld für FotografInnen.
Trude Fleischmanns ausdrucksstarke Tanzbilder und Be-
wegungsstudien (für die sie auch im Freien arbeitete, was
für die damalige Zeit ungewöhnlich war) fanden besonde-
ren Anklang. Aus der Tanzszene fotografierte sie etwa
Tilly Losch, Mila Cirul, Toni Birkmeyer oder Grete Wiesenthal. Dass viele von Fleischmanns Tanzbildern heute
erhalten sind, ist dem Kunsthistoriker Max Ermers zu
verdanken, der 1936 Fotos aus einer Ausstellung über das
künstlerische Tanzbild an das Historische Museum der
Stadt Wien, das heutige Wien Museum, verkaufte.

Für einen Skandal sorgte 1925 Trude Fleischmanns
Aktfotoserie der Tänzerin Claire Bauroff. Fleischmann
gehörte zu den ersten Fotografinnen, die sich selbstbewusst an die Aktfotografie heranwagten. Ihre sinnlich-
ästhetischen Bilder nackter, melancholisch anmutender
Körper gaben dem bisher als anstößig empfundenen Gen-
re einen neuen Anstrich: Nicht der Körper als Objekt

der Begierde, sondern das selbstverständliche Abbilden natürlicher, körperbewusster Nacktheit, stand, angelehnt an die Lebensreformbewegung, im Mittelpunkt. Die Fotos von Bauroff machten Trude Fleischmann in den internationalen Medien bekannt, sorgten aber auch für heftige Diskussionen. In Berlin wurden die Bilder aus Gründen der öffentlichen Sicherheit sogar von der Polizei aus dem Schaukasten des Admiralspalasts, in dem die Tänzerin auftrat, beschlagnahmt. Das 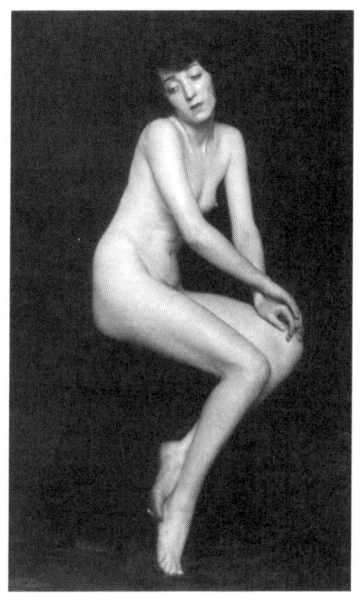 neue, emanzipierte Frauenbild, losgelöst von tradierten Geschlechtervorstellungen, zu zeigen, schien die Fotografin zu reizen.

Fleischmanns Bilder fanden ebenfalls Anklang in den damals aufkommenden Illustrierten. Auch deutsche Pressehäuser wie der Ullstein Verlag brachten ihre Fotos häufig in ihren Magazinen, so auch *Die Woche*, die *Münchner Illustrierte Presse* oder die Beilage *Für die Frau* der *Frankfurter Allgemeinen Zeitung*. Ab Ende der

Mit ihrer Aktfotoserie der Tänzerin Claire Bauroff löste die Fotografin 1925 einen Skandal aus.

1920er Jahre lieferte die Fotografin auch Reisefotos sowie idyllische Heimat- und Landschaftsbilder, die in den politisch unruhigen Zeiten der Wirtschaftskrise sehr gefragt waren.

1933 änderte sich die Auftragslage für Trude Fleischmann schlagartig. Da sie jüdischer Herkunft war, wurden ihre Bilder in deutschen Medien verboten. Im innovativen *Sonntag*, der ab 1934 erscheinenden Wochenbeilage zur Wiener Tageszeitung *Der Tag*, fand sie eine willkommene neue Plattform für ihre Fotoreportagen. Die Atelierkundschaft blieb jedoch mehr und mehr aus. Als Hitler 1938 in Österreich einmarschierte, befand sich die Fotografin mit Paula Wessely zum Skifahren in Tirol. Das Porträt von Wessely auf dem Cover der Zeitschrift *Die Bühne* im März 1938 war Fleischmanns letztes Foto, das in Österreich erscheinen sollte.

Trude Fleischmann hatte die politische Lage vermutlich lange unterschätzt. Im September 1938 flüchtete auch sie über Paris und London in die Vereinigten Staaten. Ihr Archiv verbrannte sie, nur 41 Negative nahm sie mit. Ihr dichtes soziales Netzwerk sollte ihr nun zugutekommen. Immer wieder hatte die Fotografin auch PraktikantInnen in ihrem Atelier beschäftigt, darunter ihren späteren Freund Robert Haas sowie Steffi Brandl, die 1926 am Berliner Kurfürstendamm ein Fotostudio eröffnete. Auch die Amerikanerin Helen Post, mit der Trude Fleischmann eine Liebesbeziehung nachgesagt wird, hatte bei ihr das Fotografieren gelernt. Sie nahm ihre österreichische Freundin 1939 bei sich in den USA auf.

Ab 1940 gelang Trude Fleischmann eine zweite Karriere mit einem Fotoatelier im Herzen von Manhattan. Sie fotografierte Größen wie Arturo Toscanini und Albert Einstein, machte Städte- und Reisebilder sowie Modeaufnahmen für die Zeitschrift *Vogue*. New York wurde ihre zweite Heimat, 1942 nahm sie sogar die amerikanische Staatsbürgerschaft an. 1969 beendete die Fotografin ihre berufliche Karriere und übersiedelte in die Schweiz. Als sie im hohen Alter gebrechlich wurde, holte sie ihr Neffe zurück in die USA, wo er sie bis zu ihrem Tod pflegte.

Österreich sollte sich erst in den 1980er Jahren wieder an die Fotografin und ihr Werk erinnern. »Irgendwie hatte ich ein gebrochenes Herz, meine Heimatstadt Wien verlassen zu müssen«, offenbarte sich Fleischmann 1986, vier Jahre vor ihrem Tod. »Ich finde, die Wiener haben sich schlecht benommen, so daß ich Wien eigentlich nicht mehr vermißt habe. Es war natürlich traurig, aber Wien ist immer weiter weg gerückt. [...] Dabei hab' ich Wien sehr geliebt und die Wiener Umgebung. [...] Ich war vor drei Jahren wieder dort. Jetzt hat sich der Groll gelegt und ich habe Wien wieder wunderschön gefunden. Aber daß ich dort wieder leben möchte: nein!«

Eva Pawlik
1927–1983

---

*»Nur die ganz großen Eisläufer und
Eisläuferinnen können ihr Programm so
servieren, dass der Laie meint:
Ja da ist ja gar nichts dahinter.«*

Geboren am 4. Oktober 1927 in Wien III. • mehrfache Jugend- und
Juniorenmeisterin im Eispaarlauf • 1942 Österreichischer Meistertitel im Paarlauf • 1948 Silber bei den Olympischen Spielen, den Europameisterschaften und der Weltmeisterschaft im Eiskunstlauf •
1949 Europameisterin • ab 1949 Topstar der »Wiener Eisrevue« •
1950 Hauptrolle im Eisrevuefilm »Frühling auf dem Eis« • 1954 Promotion an der Universität Wien • 1955 bis 1957 Star der deutschen
»Scala Eisrevue« • 1957 Hochzeit mit Eispartner Rudi Seeliger • 1959
Hauptrolle im Film »Traumrevue« • 1962 Geburt von Sohn Roman •
1963 erste Sportberichterstatterin des deutschsprachigen Fernsehens • bis 1972 Fachkommentatorin für Eiskunstlauf beim ORF •
1973 bis 1981 Gymnasialprofessorin für Deutsch und Englisch • gestorben am 31. Juli 1983 nach schwerer Krankheit in Wien

Auch Dunkelheit und Eiseskälte konnten das Mädchen
Eva Pawlik nicht davon abhalten, schon um vier Uhr
morgens durch den verschlafenen dritten Wiener Gemeindebezirk zum Heumarkt zu laufen. Jeden Tag und
bei jeder Witterung trainierte sie noch vor der Schule auf

dem Platz des Wiener Eislaufvereins ihre Schritte und Pflichtfiguren. Nach der Schule beeilte sie sich, schnell wieder aufs Eis zu kommen; die Hausaufgaben wurden in den Trainingspausen erledigt. Das frühe Aufstehen störte

Die Eiskunstläuferin Eva Pawlik und ihr Partner Rudi Seeliger beim Training, 1957.

Eva gar nicht: Sie war selig, wenn sie nur auf Kufen stehen konnte.

Es war die Zeit der großen EiskunstläuferInnen und aufkommenden Eisrevuen, die Zeit, da Österreich als Eislaufnation an der Weltspitze stand und mit Jahrhundertsportler Karl Schäfer Doppel-Olympiagold holte. Beste Voraussetzungen also für ein heranwachsendes Eissporttalent. Schon als sie vier Jahre alt war, erkannten Evas Eltern die besondere Begabung ihres »Eisflohs«. Trotz bescheidener Verhältnisse – der Vater arbeitete bei den Wasserwerken, die Mutter versorgte die Großmutter in der gemeinsamen Zweizimmerwohnung ohne Warmwasser – schickten sie ihre Tochter zum Training. Mit fünf galt Eva als Wunderkind, mit acht priesen die Medien sie als »Shirley Temple des Eises«. Sie nahm an internationalen Schauläufen teil und reüssierte im Paarlauf mit ihrem Kollegen und Jugendfreund Rudi Seeliger. Einer gemeinsamen Sportkarriere schien nichts im Wege zu stehen.

Doch dann kam der Krieg. Die Nazis verboten die Teilnahme an internationalen Sportveranstaltungen. Eva und Rudi trainierten weiter, so gut es die Umstände eben zuließen, wurden Jugendmeister im Einzel- und Paarlauf – bis Rudi in den Krieg musste. Eva bemühte sich um eine Ausnahmegenehmigung, verfügte aber nicht über die nötigen Beziehungen: 1943 wurde Rudi Seeliger eingezogen, er geriet in russische Gefangenschaft und galt lange Jahre als verschollen.

Eva stürzte sich weiter ins Training, beendete das Gymnasium und begann ein Medizinstudium. Noch bis

1947 blieb Österreich von Europa- und Weltmeister-
schaften ausgeschlossen, aber dann schlug Evas große
Stunde. Gleich dreimal holte sie 1948 Silber: bei den
Olympischen Spielen, den Europa- und den Weltmeister-
schaften. Die ganze Welt blickte nun auf das junge österreichische Ausnahmetalent – sogar Hollywood wurde auf
sie aufmerksam: Gene Kelly wollte die charismatische
Spitzensportlerin für einen Film der MGM engagieren
und darin seine Tanzkünste mit ihrem Kunstlauf kombi-
nieren. Doch Eva lehnte schweren Herzens ab, da sie,
sobald sie mit dem Eislaufen Geld verdient hätte, an keinen Meisterschaften mehr hätte teilnehmen dürfen. »Ich
wollte wenigstens noch Europameisterin werden, bevor
ich den Verlockungen der Eisrevue erlag«, verriet sie in
einem Zeitungsinterview. Am 29. Jänner 1949 ging dieser
Wunsch bei der EM in Mailand in Erfüllung. Bei der WM
in Paris im selben Jahr, für die sie als Favoritin gehandelt
wurde, konnte sie hingegen wegen eines abgebrochenen
Schlittschuhabsatzes nicht mehr zur Kür antreten. Ob
Pech oder Sabotage, konnte nie geklärt werden.

Im Sommer 1949 unterschrieb Eva schließlich, mit
dem EM-Titel in der Tasche, einen Vertrag als Topstar der
»Wiener Eisrevue«, um ihre Eltern finanziell unterstützen
zu können. Hätte sie damals gewusst, dass ihr Eispartner
Rudi Seeliger wenig später aus der Kriegsgefangenschaft
zurückkehren würde, hätte sie, wie sie selbst sagte, noch
ein Jahr gewartet, um mit ihm bei den Meisterschaften
1950 antreten zu können. Für eine gemeinsame Sportkarriere war es nun zwar zu spät, doch als eines der weltbes-

ten Profipaare sollten die Publikumslieblinge künftig Revuegeschichte schreiben. Ihre Stärken lagen vor allem in der anmutigen, ausdrucksstarken Umsetzung des Wiener Walzers sowie in atemberaubenden Schleuderfiguren.

Die 1945 gegründete »Wiener Eisrevue« verstand es, das Image Wiens als Stadt des Tanzes und der Musik sowie als Traditionsstätte des Eiskunstlaufs international zu transportieren. Sie trug wesentlich dazu bei, die »Marke Österreich« nach dem Krieg wieder positiv zu besetzen. Abend für Abend feierte das Ensemble in ausverkauften Hallen von Berlin bis Moskau vor Millionen BesucherInnen große Erfolge – mit Eva Pawlik als viel umjubeltem Aushängeschild. So schrieb eine Wiener Wochenzeitung 1953 über die graziöse »Pawlowa des Eises«: »Die Wiener Eisrevue hat mit Pawlik ihre Königin bekommen. [...] Allabendlich dreht sie im strahlenden Licht ihre Pirouetten. Wilder Beifall umtost sie. [...] Sie ist ein großer, ein internationaler Star. Überall dort, wo die Wiener Eisrevue die Herzen der Menschen mit Musik und Anmut erobert, steht sie im Mittelpunkt. Sie ist wirklich eine Königin!«

Über all ihren Erfolgen vergaß Eva jedoch nicht ihr Studium: Die Ausbildung war ihr wichtig, ein zweites Standbein ihr erklärtes Ziel. Zu gern wäre sie Kinderärztin geworden, sie schloss auch das Vorklinikum ab, doch die Praktika des Klinikums ließen sich zeitlich nur schwer mit den Revuetourneen vereinbaren. So wechselte sie 1949 vom Fachbereich Medizin an die Philosophische Fakultät. Während andere sich in den Tourneepausen erholten, saß sie über ihren Büchern, ihre Dissertation verfasste sie schließlich über die Lyrik des banatdeutschen Dichters Stephan Milow. »Ich muss ja noch etwas anderes tun, schließlich werde ich nicht mein ganzes Leben lang eislaufen«, erklärte der am Boden gebliebene Eisstar.

Am 23. Dezember 1954 promovierte Pawlik in den Fächern Anglistik und Germanistik an der Universität Wien zum Doktor der Philosophie. Als erste Frau in der Geschichte der Wiener Alma Mater richtete sie stellvertretend für alle Promovenden bei der Feier im großen Festsaal die lateinischen Dankesworte an Rektor, Dekan und Promotor.

Auch als Schauspielerin machte die Wienerin wiederholt von sich reden: 1950 stellte sie ihr darstellerisches Talent in der weiblichen Hauptrolle im Eisrevuefilm »Frühling auf dem Eis« an der Seite von Hans Holt unter Beweis; in »Traumrevue« (1959) spielte sie neben Waltraut Haas und Susi Nicoletti. Ihre privaten Träume erfüllte sie sich indes mit ihrem langjährigen Eispartner und Freund Rudi Seeliger, den sie 1957 heiratete.

Eva Pawlik freut sich über die bestandene Promotionsprüfung, 1954.

Bis zum freiwilligen Ende ihrer Eiskarriere sollte Eva konkurrenzlose »Eiskönigin« bleiben. 1961 beschloss sie, die Schlittschuhe für immer auf Eis zu legen und sich dem Familienleben zu widmen. Rudi Seeliger hatte sich bereits ein Jahr zuvor vom aktiven Sport verabschiedet. 1962 kam Sohn Roman zur Welt. Doch schon im darauffolgenden Jahr begann Eva Pawlik eine neue Karriere: Sie wurde erste Sportkommentatorin des deutschsprachigen Fernsehens beim Österreichischen Rundfunk (ORF). Ihre einfühlsame, fachkundige und nicht beschönigende Berichterstattung erregte Aufsehen. Bis 1972 kommentierte die erfahrene Exsportlerin mit viel Erfolg, »ohne Pomp und Trara und sachverständig wie niemand sonst in der Sportabteilung«, wie die Medien schrieben, sämtliche Übertragungen von Eiskunstlaufmeisterschaften für den ORF und verfasste Sportkommentare für mehrere Zeitungen. »Sie verstand es, dem Fernsehpublikum die SportlerInnen auch menschlich nahezubringen, sprach ihre Meinung klar aus und schreckte auch nicht davor zurück, die Entscheidungen des Preisgerichts gegebenenfalls zu kritisieren«, beschreibt sie ihr Sohn, Roman Seeliger.

Neun Jahre lang blieb Eva Pawlik die Stimme des österreichischen Eiskunstlaufs und war Vorbild und Wegbereiterin für nachfolgende KommentatorInnen wie die zweifache Europameisterin Ingrid Wendl. 1972 jedoch warf Pawlik nach groben Unstimmigkeiten mit den Verantwortlichen über ihre Zukunft beim Rundfunk kurz entschlossen das Handtuch: Der »Fall ORF« hatte sich für sie erledigt. Als Professorin für Deutsch und Englisch

unterrichtete die Exsportlerin künftig an einem Wiener Gymnasium, bis sie an Kollagenose, einem unheilbaren Autoimmunleiden, erkrankte und ihre Arbeit aufgeben musste. Die Eiskunstläuferin starb, erst 55-jährig, am 31. Juli 1983, nur wenige Wochen nach ihrem Mann Rudi Seeliger, in Wien.

Will Petter, der Regisseur der »Wiener Eisrevue«, nannte Eva Pawlik die »zuverlässigste«, Hanns Thelen, Chef der deutschen »Scala Eisrevue«, pries sie als die »charmanteste« und Morris Chalfen, Gründer und Boss von »Holiday on Ice«, verlieh ihr das Prädikat »perfekteste« Eisläuferin Europas und »größte Show-Läuferin, die Europa seit Sonja Henie hervorgebracht hat«.

Als erste Sportkommentatorin des deutschsprachigen Fernsehens arbeitete Eva Pawlik bis 1972 für den ORF.

»Welche Welt ist meine Welt?«

HILDE SPIEL

SCHRIFTSTELLERINNEN UND DICHTERINNEN

Ida Pfeiffer
1797 – 1858

Elisabeth von Österreich
1837 – 1898

Hilde Spiel
1911 – 1990

Mira Lobe
1913 – 1995

Alles begann mit dem Schreiben von Briefen. Lange Zeit waren sie die einzige schriftliche Ausdrucksweise, welche die Gesellschaft Frauen zubilligte. Sie galten als typisch weibliche Ausdrucksform, gehörten zum guten Stil, und höhere Töchter bekamen schon als Mädchen beigebracht, wie man private Korrespondenz zu verfassen hatte. Der Brief wurde für Frauen eine Brücke zu weiteren literarischen Aktivitäten, die bis dahin nur im Verborgenen stattfanden. Während in Deutschland Literatur von Frauen bereits mit der Aufklärung im 18. Jahrhundert entstand, hinkte Österreich durch die katholische Gegenreformation hinterher. Mit Beginn des 19. Jahrhunderts nahm die Zahl der Schriftstellerinnen und Dichterinnen auch hier zu. Eine große Wiener Literatin der damaligen Zeit war die Dichterin und Essayistin Betty Paoli, von Franz Grillparzer als »der größte Lyriker Österreichs« bezeichnet. Zu deren besten Freundinnen zählte Marie

von Ebner-Eschenbach, die sich zunächst Gedichten und dem Drama gewidmet hatte und erst im Alter von 53 Jahren mit ihren *Dorf- und Schloßgeschichten* die verdienten Lorbeeren ernten konnte.

Um ihre Werke publizieren zu können, schrieben viele Frauen zunächst unter einem (männlichen) Pseudonym oder veröffentlichten diese anonym. So auch die Reiseschriftstellerin Ida Pfeiffer: Mit 44 Jahren erfüllte sich die Wienerin entgegen allen Konventionen ihren Traum, allein hinaus in die Welt zu ziehen. 1844 erschien ihr erster Reisebericht. Da eine Frau, die schriftstellerisch tätig war, ihre Familie damit in Verruf bringen konnte, wollten Ehemann und Brüder bei der Veröffentlichung ein Wörtchen mitreden. Ihre *Reise einer Wienerin in das Heilige Land* wurde ein großer Erfolg, doch die Verfasserin blieb vorerst unbekannt.

Ein prominentes Beispiel für Frauen, die ihre Lust zu schreiben im Verborgenen lebten, ist die österreichische Kaiserin »Sisi«. Nur wenige Eingeweihte bei Hof wussten von ihren Gedichten, die sie seit ihrer Jugend verfasste. Ihr poetisches Tagebuch bot der Heine-Verehrerin eine Möglichkeit, dem ungeliebten Alltag zu entfliehen. Ihre Dichtungen geben heute neben einem Einblick in Elisabeths Gemütsleben auch Zeugnis über das Geschehen am Wiener Hof.

Gegen Ende des 19. Jahrhunderts änderte sich das Klima langsam. 1885 wurde in Wien der Verein der

Die Wiener Staatsoper am Opernring, um 1930.

Schriftstellerinnen und Künstlerinnen gegründet, der neben der Möglichkeit, Werke öffentlich zu präsentieren, auch einen Hilfs- und Pensionsfonds zur finanziellen Absicherung bot. Die Literatinnen an der Wende zum 20. Jahrhundert beschäftigten sich zunehmend mit den Bedürfnissen und Rechten von Frauen und der, durch die schrittweise Emanzipation nun möglich werdenden, Entdeckung neuer Lebensformen. Sie versuchten, Lösungen für gesellschaftliche und soziale Probleme aufzuzeigen, und hinterfragten die vorherrschenden Strukturen und Machtverhältnisse. Zu diesen engagierten Schriftstellerinnen zählten in Wien etwa die Lyrikerin und Erzählerin Ada Christen, die Friedenskämpferin Bertha von Suttner oder die Essayistin und Frauenrechtlerin Rosa Mayreder. Alle diese Frauen hatten, wie viele ihrer damaligen Kolleginnen, in jungen Jahren unter ihrer mangelhaften Bildung gelitten und sich ihr umfassendes Wissen durch Bücher im Selbststudium angeeignet.

Das 20. Jahrhundert schließlich hat eine Vielzahl an herausragenden österreichischen Schriftstellerinnen hervorgebracht. Eine von ihnen war die Journalistin, Erzählerin und Essayistin Hilde Spiel, die als Grande Dame der deutschsprachigen Literatur mit ihrem außergewöhnlichen Stil glänzte. Dass es einer großen Verantwortung und noch größeren Talents bedarf, für Kinder zu schreiben, bewies die 1913 geborene Mira Lobe, eine der bedeutendsten österreichischen Kinder- und JugendbuchautorInnen unserer Zeit. »Karl May oder Mark Twain, Selma Lagerlöf oder Mira Lobe – haben die nicht mehr bewirkt als die meisten vom Feuilleton bejubelten Schrift-steller heute?«, stellte der Journalist Michael Freund ein-mal in den Raum. Mira Lobe, deren Bücher von Freiheit und Hilfsbereitschaft handeln, von Identitätsfindung und vom Mut, »anders zu sein als alle andern«, hat das be-stimmt – auch wenn sie selbst, bescheiden wie sie war, es nicht zu glauben wagte.

IDA PFEIFFER
1797–1858

*»Wie es den Maler drängt, ein Bild zu malen,
den Dichter, seine Gedanken auszusprechen,
so drängt es mich, die Welt zu sehen.«*

Geboren am 14. Oktober 1797 als Ida Laura Reyer in Wien VI. •
1820 Heirat mit Mark Anton Pfeiffer; Umzug nach Lemberg •
1821 und 1824 Geburt der beiden Söhne • 1833 Rückkehr nach Wien •
1842 erste Reise nach Palästina und Ägypten • 1844 erstes Buch *Die
Reise einer Wienerin in das Heilige Land* • 1845 Reise nach Island,
Schweden, Dänemark • Veröffentlichung der *Reise nach dem skandi-
navischen Norden und der Insel Island* • 1846 bis 1848 Weltreise über
Brasilien, Chile, Tahiti, China, Indien, Kurdistan, Persien, Mesopota-
mien, Georgien, Armenien, Russland • 1850 Publikation des Buches
Eine Frauenfahrt um die Welt • 1851 bis 1855 Weltreise über Kapstadt,
Singapur, Borneo, Java, Sumatra, Nord- und Südamerika • 1856 erscheint *Meine zweite Weltreise* in vier Bänden • 1857 letzte Reise
nach Madagaskar • gestorben am 27. Oktober 1858 in Wien an Malaria • 1892 Ehrengrab auf dem Wiener Zentralfriedhof

»Glühende Augen leuchteten aus einem der Gebüsche
hervor; doch hatte ich sie kaum gewahrt, als auch schon
mehrere Schüsse fielen. Bald war das Thier von mehreren
Kugeln getroffen und stürzte nun wuthentbrannt auf uns
los. [...] meine Furcht wurde durch den Anblick eines

zweiten Tigers noch mehr gesteigert; ich hielt mich jedoch äußerlich so tapfer, daß keiner der Herren eine Ahnung hatte, was in mir vorging.« Ihr Erlebnis einer Tigerjagd in Indien, auf dem Rücken eines Elefanten, veröffentlichte Ida Pfeiffer 1850, ein Jahr vor ihrer zweiten Weltreise, in *Eine Frauenfahrt um die Welt*. Mit nunmehr 53 Jahren war ihre

Reiselust ungebrochen. Ihre Reiseberichte hatten sich zu Bestsellern entwickelt, die Zeitungen berichteten wiederholt von der »mutigen Frau aus Wien«, die es drängte, die »Welt und ihre Wunder« zu sehen.

Schon als Kind verspürte Ida die Sehnsucht, hinaus in die Welt zu kommen. Doch sie musste fast 39 Jahre alt werden, ehe sie zum ersten Mal das Meer sah. Eine unerfüllte Liebe, eine gescheiterte Vernunftehe mit einem 24 Jahre älteren Advokaten, finanzielle Not und Entbehrungen lagen hinter ihr. 1833 war sie mit ihren Söhnen von Lemberg nach Wien zurückgekehrt, um fortan von ihrem Mann getrennt zu leben. Der Blick auf die Meereswellen vor Triest, bei einem Kuraufenthalt mit ihrem Sohn im Jahr 1836, rief die »Sehnsucht nach der weiten Welt« wieder in ihr wach.

Porträt Ida Pfeiffers, um 1855.

Zu reisen war fortan ihr festes Ziel. Nur die beiden Söhne wollte sie erst großziehen und sicher auf eigenen Beinen wissen. Am 22. März 1842 bestieg Ida mit ihrem wenigen Ersparten in Wien ein Dampfschiff donauabwärts ans Schwarze Meer. Ihre Reise sollte über Konstantinopel ins Heilige Land und nach Ägypten führen. Niemand nahm ihre Pläne ernst: »Höchst lebhaft stellte man mir all die Gefahren und Beschwerden vor, die den Reisenden dort erwarten. [...] So ganz allein, ohne alle Stütze hinauszuwandern in die weite Welt, über Berg und Tal und Meer, ach, das wäre unmöglich.« Eine religiös motivierte Pilgerfahrt diente Ida Pfeiffer als Vorwand. Frauen riskierten, sich dem Spott der Gesellschaft auszusetzen, wenn sie ihrer Reiselust folgten. Reiseliteratur war daher im 19. Jahrhundert besonders bei den Damen beliebt, konnten sie so doch zumindest im Geist dem engen Korsett gesellschaftlicher Regeln entfliehen. Selbst zu reisen und sich damit über herrschende Konventionen hinwegzusetzen, wagten nur wenige. Entsprechend skeptisch und zugleich bewundernd beäugte man Ida, die sich mit 44 Jahren im Alleingang ihren Lebenstraum erfüllte. Ihr Alter war ihr Berechtigung genug, ohne Begleitung unterwegs zu sein.

Von ihrer neunmonatigen Reise, die sie auch in die Welt des Orients führte, kehrte sie mit Hunderten Seiten an Reisenotizen heil nach Hause zurück. Auch der Ver-

Illustration aus den Tagebüchern Ida Pfeiffers. Die Forscherin schreibt in der Wüste ihre Reiseeindrücke nieder.

leger Jakob Dirnböck »im gr. Dietrichstein'schen Hause Nr. 25« in der Wiener Herrengasse hatte von der weit reisenden Dame gehört und bewies Spürsinn: Reiseberichte von Männern verkauften sich prächtig – wie dann erst jene einer alleinreisenden Frau?!

1844 erschien ihre *Reise einer Wienerin in das Heilige Land* – anonym, denn eine Frau, die sich schriftstellerisch betätigte, lief Gefahr, ihre Familie in Verruf zu bringen. Idas Brüder und Ehemann hatten auf Mitspracherecht bestanden und Passagen streichen lassen. Der Mann hatte die Entscheidungsgewalt über die Frau, Ida musste sich dem trotz ihrer Selbstständigkeit fügen. Das Buch wurde ein Bestseller, auch wenn die Autorin sich darin bescheiden zeigt: »Ich bin keine Schriftstellerin [...]. Es [mein Tagebuch] ist [...] eine Sammlung Notizen, die ich anspruchslos niederschrieb, um mich immer an das Gesehene zu erinnern, und von denen ich nicht glaubte, daß sie den Weg in die große Welt finden würden [...].« Ihr Anliegen, die Erlebnisse wahrheits- und detailgetreu wiederzugeben, brachte ihr viel Lob. Sie wirkte glaubwürdig, während andere Reiseschriftsteller für ihre Übertreibungen kritisiert wurden.

Besonders faszinierten sie die Kultur, das Leben und Aussehen fremder Menschen. Als Frau hatte sie auch Zutritt zu Schauplätzen wie den orientalischen Harems und Frauenbädern, wodurch sie einen profunden Einblick in den Alltag von Frauen in verschiedensten Ländern bekam.

Die Berichte all ihrer sieben Reisen füllten 13 Bände und wurden in sieben Sprachen übersetzt. Nach jeder Rückkehr veröffentlichte die Wienerin ein weiteres Buch, bald unter ihrem eigenen Namen. Die Honorare dafür deckten einen Teil der Reisekosten. Eine weitere Einnahmequelle war das Sammeln von Naturalien: Auf ihrer Reise nach Skandinavien und Island 1845 hatte Ida ihre Leidenschaft für die Naturforschung entdeckt. Sie lernte zu präparieren und verkaufte Teile ihrer Sammlungen an Museen. Jene, die so ins kaiserliche Naturalienkabinett in Wien gelangten, werden heute im Wiener Naturhistorischen Museum aufbewahrt.

Am 1. Mai 1846 ging Ida Pfeiffer als erste Frau alleine auf zweijährige Weltreise, 1851 wurden es gar vier Jahre. Strapazen und unmenschliche Reisebedingungen nahm sie mit eisernem Willen in Kauf – die Ankunft am Ziel entschädigte sie dafür. »Ueberall und jederzeit setzte ich mich durch. Ich fand, daß Energie und Furchtlosigkeit allen Leuten imponirt, sie mögen Araber, Perser, Beduinen oder wie immer heißen«, war sie überzeugt.

Ihr unbeirrbarer Entdeckergeist sollte Ida Pfeiffer am Ende aber das Leben kosten. Ihre letzte Reise führte über Mauritius nach Madagaskar. Die Insel galt als gefährlich für Fremde: Die Königin hatte europäische

Händler und Missionare mit Gewalt verjagt und das Christentum verboten. Doch Ida schlug alle Warnungen in den Wind. Prompt wurde sie in ein politisches Komplott verwickelt: Ein französischer Kaufmann plante den Sturz der Herrscherin und missbrauchte Idas Begleitung als Tarnung. Die Verschwörung flog auf, die Königin ließ alle Beteiligten gefangen nehmen und verwies sie des Landes. Als Strafe wurde der Transportzug zur Küste tagelang über malariaverseuchtes Gebiet geführt, wohl wissend, dass Ida bereits von Fieber geschwächt war. Sie schaffte die Rückkehr nach Wien und glaubte sich bald wieder völlig gesund. Im Oktober 1858 starb sie jedoch in der Wohnung ihres Bruders Carl in der heutigen Beatrixgasse in Wien-Landstraße an den Folgen der Malaria.

Obwohl Ida Pfeiffer keine Wissenschaftlerin und noch dazu eine Frau war, wurden ihre Forschungsleistungen schon zu Lebzeiten von internationalen Fachleuten geschätzt. Alexander von Humboldt bewirkte ihre Aufnahme als Ehrenmitglied und erste Frau in die Berliner Geographische Gesellschaft. Der König von Preußen verlieh ihr die Goldene Medaille für Wissenschaft und Kunst. Österreich hingegen beschränkte seine Unterstützung auf einen einmaligen Reisezuschuss. In ihrer Heimat erfolgte die Anerkennung erst posthum: 1892, über 30 Jahre nach ihrem Tod, erhielt Ida Pfeiffer auf Bestreben des Vereins für erweiterte Frauenbildung als erste Frau ein noch heute existentes Ehrengrab auf dem Wiener Zentralfriedhof.

ELISABETH VON ÖSTERREICH

1837–1898

»[...] Ich hab geliebt, ich hab gelebt,
Ich hab die Welt durchzogen:
Doch nie erreicht, was ich erstrebt. –
Ich hab' und ward betrogen!«

»VERLASSEN«, 1886

Geboren am 24. Dezember 1837 in München als Tochter von Herzog Maximilian in Bayern und der bayrischen Königstochter Maria Ludovika • Verlobung mit Kaiser Franz Joseph I. von Österreich am 19. August 1853 in Bad Ischl • Hochzeit in Wien am 24. April 1854 • Geburt der Töchter Sophie (1855), Gisela (1856) und des Kronprinzen Rudolf (1858) • 1867 Krönung Franz Josephs und Elisabeths zum König und zur Königin von Ungarn in Budapest • 1868 Geburt der Lieblingstochter Erzherzogin Marie Valerie • 1889 Selbstmord von Kronprinz Rudolf in Mayerling • 1890 bis 1897 zahlreiche lange Fernreisen • ermordet am 10. September 1898 in Genf

Als am 30. Jänner 1889 die Nachricht vom Tod ihres Sohnes Rudolf die Kaiserin während einer ihrer Griechischstunden ereilte, sollte dies auch ihr eigenes Leben besiegeln. Rudolf hatte sich und seine Geliebte, Komtesse Mary Vetsera, in seinem Jagdschloss in Mayerling erschossen. Die damals 51-jährige Elisabeth wurde schwer depressiv, menschenscheu, ruhe- und rastlos. Als immer-

zu in Schwarz gekleidete »Mater dolorosa« sollten ihre ZeitgenossInnen sie künftig in Erinnerung behalten.

Selbst das Dichten, ihre große Leidenschaft, von der nur wenige Eingeweihte bei Hof wussten, gab die Kaiserin nach dem Tod des Kronprinzen auf. Das Schreiben von Gedichten war Elisabeth, glühende Verehrerin Heinrich Heines, in den 1880er Jahren zur Therapie und lebenswichtigen Seelennahrung geworden. All ihre Beobachtungen, Gedanken und Erlebnisse verarbeitete sie in einem poetischen Tagebuch, dessen Inhalt auf ihren Wunsch 60 Jahre

Porträt der Kaiserin Elisabeth mit ihrem Hund Houseguard, um 1865/66.

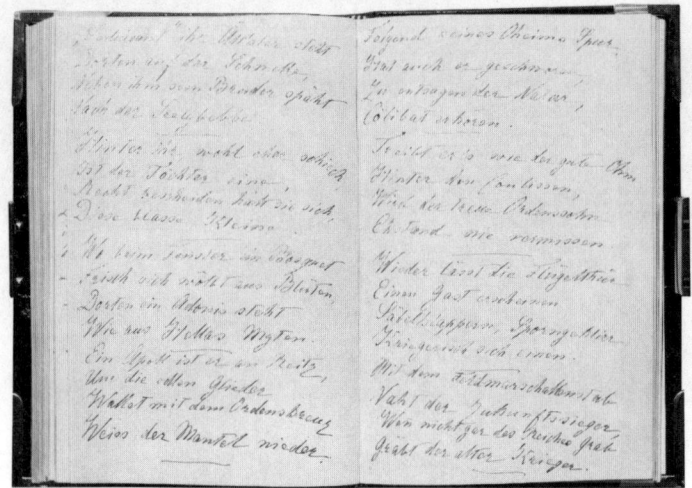

nach ihrem Tod für die Nachwelt veröffentlicht werden sollte und mit Verzögerung schließlich 1984 erschien.

Schon als Wildfang im bayrischen Possenhofen hatte »Sisi« im Geheimen gedichtet, ersten Liebeskummer und anderen Seelenschmerz in gereimten Versen in ein kleines Büchlein eingetragen. Am 24. April 1854 fand die feierliche Trauung von Kaiser Franz Joseph von Österreich und Elisabeth in der Wiener Augustinerkirche statt. Das Heimweh nach Possenhofen ließ nicht lange auf sich warten, zu unwohl fühlte sich die erst 16-jährige Elisabeth in der gestrengen, fremden Umgebung bei Hof. Ihre Stimmung hielt sie in einem vielsagenden Gedicht fest:

Handschriftliches Gedicht im Tagebuch der Kaiserin Elisabeth aus dem Jahr 1885.

»Oh, daß ich nie den Pfad verlassen, / Der mich zur Freiheit hätt' geführt. / Oh, daß ich auf der breiten Straßen / Der Eitelkeit mich nie verirrt! / [...] / Ich bin erwacht aus einem Rausche, / Der meinen Geist gefangenhielt, / Und fluche fruchtlos diesem Tausche, / Bei dem ich Freiheit! Dich – verspielt!«

Elisabeth war das Leben am Wiener Hof, unter dem eisernen Regime von Kaisermutter Sophie, zunehmend verhasst. Innerhalb von nur vier Jahren brachte sie drei Kinder zur Welt. Die Geburten und ständigen Kämpfe mit Sophie um die Erziehung der Kinder schwächten Elisabeth zunehmend. 1860 erkrankte sie schwer und begab sich auf sechsmonatige Kur nach Madeira. Der Aufenthalt markierte den Beginn ihrer enormen Reisetätigkeit, immerzu auf der Flucht aus Wien, welche besonders die letzten Jahre ihres Lebens prägen sollte.

1866 griff Elisabeth das erste und einzige Mal in ihrem Leben mit diplomatischem Geschick in die Staatspolitik ein: Durch ihren persönlichen Kontakt zu ungarischen Politikern und ihre Beliebtheit beim ungarischen Volk trug sie maßgeblich zum »Ausgleich«, der Zweiteilung der Monarchie in eine österreichische und eine ungarische Reichshälfte, bei. Ein Jahr später wurden Franz Joseph und Elisabeth zum umjubelten Königspaar von Ungarn gekrönt: Aus dem Kaisertum Österreich wurde die Doppelmonarchie Österreich-Ungarn.

In den Folgejahren ging Elisabeth, mit Franz Josephs Segen und in ständiger Begleitung ihrer 1868 geborenen Lieblingstochter Marie Valerie, neben der ausgiebigen

Schönheitspflege verstärkt dem exzessiven Reitsport sowie aufwendigen Reisen nach. Mit 44 Jahren musste sie das Reiten jedoch aufgrund gesundheitlicher Beschwerden aufgeben. Ihr unruhiges Wesen fand sofort Ersatz im Fechten sowie in ausgedehnten Wanderungen in freier Natur.

Ihr Wissensdurst war groß, sie widmete sich in dieser Zeit intensiv dem Literatur- und Sprachenstudium: Elisabeth beherrschte neben Deutsch fließend Ungarisch, Alt- und Neugriechisch sowie Böhmisch, Polnisch, Rumänisch, Italienisch, Englisch, Französisch und Latein. Altgriechisch lernte sie, um die Werke antiker Dichter im Original lesen zu können. Ihre jeweiligen Sprachlehrer mussten sie sogar auf Reisen begleiten, auf die sie auch immer VorleserInnen mitnahm, um selbst während ihrer Wanderungen und der morgendlichen Frisierstunde beschäftigt zu sein.

Häufig stellte die Kaiserin Privatlehrer mit sehr liberaler politischer Einstellung ein, was im Kaiserhaus nicht gerne gesehen wurde. Auch Elisabeth selbst hatte eine sozialkritische, ja monarchiefeindliche politische Meinung, die bei stärkerer Beteiligung der Kaiserin an den Staatsgeschäften sicher zum Eklat geführt hätte. Sie wusste ihre Freiheiten für sich selbst zu nutzen, war gebildet und belesen; eine moderne Vorkämpferin für Frauenrechte war sie jedoch keineswegs. So meinte sie gegenüber ihrem Griechischlehrer: »Frei sollen die Frauen sein; sie sind oft würdiger es zu sein als die Männer. [...] Aber was die sogenannte Bildung betrifft, so bin ich dagegen. Je weniger die Frauen lernen, desto wertvoller sind sie, dann wissen sie alles aus sich selbst heraus. [...] Die Frauen sollen [...] durch ihre bloße Nähe Gedanken und Entschlüsse in den Männern wachrufen und reifen lassen, die diese dann selbst aus sich zu schöpfen haben.«

Balsam für ihre unruhige Seele fand Elisabeth in diesen Jahren in ihrer wiederentdeckten Liebe zur Dichtung und Poesie. Ihre Gedichte gelten zwar nicht als künstlerisch überragend, sie sind jedoch ein wichtiges Zeitzeugnis, da sie neben dem Gemütsleben der Kaiserin auch lebhaften Einblick in das Geschehen bei Hof geben. Hätte man derartige Texte damals veröffentlichen wollen, wären sie sicherlich der Zensur zum Opfer gefallen: Mit spitzer Zunge machte sich die Kaiserin selbst über ihre engsten Familienmitglieder und die gesamte Hofgesellschaft lustig, übte Kritik an ihrem adeligen Umfeld und prangerte Zustände bei Hof an. Auf dem stillschweigenden Papier konnte sie ihre Ansichten unverblümt kundtun.

Zunehmend flüchtete Elisabeth vor der Realität in innere Scheinwelten, beflügelt von der von ihr so geliebten griechischen Mythologie und den Werken Shakespeares. Ihre größte Inspirationsquelle war der von ihr bis zum Exzess verehrte Dichter und Freigeist Heinrich Heine, dessen Leben und Werk sie intensiv studierte und mit dem sie sich in Seelenverwandtschaft eng verbunden fühlte. Im antisemitischen Klima dieser Zeit wurde Heine als Jude und demokratiefreundlicher Kritiker der deutschen Politik jedoch von vielen Seiten verachtet. Als Elisabeth Ende der 1880er Jahre die Errichtung eines Heine-Denkmals in Düsseldorf unterstützte, hatte das politische Folgen. Das Denkmal wurde von Antisemiten, Deutschnationalen und Kaisertreuen als Provokation zurückgewiesen, die Kaiserin als Vertreterin der »Judenknechte« öffentlich angegriffen. Ohne weiter zu reagieren, gab Elisabeth ihre Unterstützung schließlich auf. Sie ließ sich im Achilleion, ihrer Prachtvilla auf Korfu, ein eigenes Heine-Denkmal aufstellen und zog sich wieder zurück in ihre Dichterwelt.

Nach dem plötzlichen Selbstmord ihres Sohnes Rudolf im Jahr 1889 bekam die Welt die Kaiserin so gut wie

nicht mehr zu Gesicht. Aus Gram verbannte sie alle Farben aus ihrem Leben, verbarg ihr Gesicht stets hinter Fächer und Schirm, während sie sich mehr und mehr isolierte, immer einsamer und lebensmüder wurde. Bei ihrem letzten öffentlichen Auftritt 1896 bei den Millenniumsfeiern in Budapest gab sie ein gar trauriges Bild ab: »Alles, alles an ihr ist düster. Von dem dunklen Haar wallt ein schwarzer Schleier herab. Haarnadeln schwarz, Perlen schwarz, alles schwarz, nur das Antlitz marmorweiß und unsagbar traurig [...] Eine Mater dolorosa [...]«, beschrieb sie ein Zeitzeuge.

Im Garten ihres Palasts auf Korfu ließ »Sisi« einen Tempel mit einem Denkmal des Dichters Heinrich Heine errichten. Heute befindet sich die Marmorskulptur im südfranzösischen Toulon.

Nur zu ihrer Tochter Marie Valerie hegte Elisabeth nach wie vor ein sehr inniges Verhältnis. Ihre intensive Reisetätigkeit entwickelte sich in den letzten Lebensjahren der Kaiserin zu einer Hauptbeschäftigung: Kaum an einem Ort angekommen, wollte sie schon wieder fort. Das Meer wurde zu ihrem besten Freund.

Ihre letzte Reise trat die Kaiserin von Österreich im Spätsommer 1898 an. Elisabeth und ihre Hofdame Irma Sztáray waren auf dem Weg in den Schweizer Ort Caux, als das Schicksal sie in Genf in die Hände des Anarchisten Luigi Lucheni spielte. Dessen eigentliches Opfer, Prinz Henri von Orléans, war nicht wie geplant in der Stadt erschienen. Als prominentes Mitglied eines Kaiserhauses war Elisabeth für ihn jedoch ein ebenso gutes Ziel. Am 10. September wurde Elisabeth von dem Italiener mit einer Dreikantfeile tödlich verletzt. An diesem Septembernachmittag um 14.40 Uhr fand die unglückliche, rastlose Kaiserin die von ihr herbeigesehnte ewige Ruhe.

HILDE SPIEL

1911–1990

*»Ist sie Kritikerin, Feuilletonistin, Übersetze-
rin, Reporterin, Essayistin, Erzählerin, Film-
autorin, Historikerin? Jede dieser Vokabeln hat
ihre Berechtigung; aber sie reichen nicht aus –
weder einzeln noch alle zusammen.«*

MARCEL REICH-RANICKI ÜBER HILDE SPIEL

Geboren am 19. Oktober 1911 als Hilde(gard) Maria Spiel, Tochter von
Hugo und Marie Spiel, in Wien XVIII. • 1930 bis 1936 Studium an der
Universität Wien • 1933 erster Roman • 1936 Emigration nach Lon-
don und Heirat mit Peter de Mendelssohn • Geburt der Kinder
Christine (1939), Brigid (1943) und Anthony Felix (1944) • ab 1937
Mitglied des P.E.N.-Clubs • 1946 Umzug nach Berlin • ab 1947 Theaterkritikerin für *Die Welt* • 1948 Rückkehr nach London • Kulturbe-
richterstatterin • 1962 Spiels Hauptwerk, die Biografie *Fanny von
Arnstein oder Die Emanzipation*, erscheint • 1963 Rückkehr nach
Wien • Kulturkorrespondentin für die *FAZ* • 1965 bis 1972 General-
bzw. Vizesekretärin des Österreichischen P.E.N. • 1971 zweite Heirat
mit Hans Flesch-Brunningen • 1989/90 Herausgabe ihrer Memoiren • gestorben am 30. November 1990 in Wien an Krebs

Als Hilde Spiels erster Roman *Kati auf der Brücke* 1933,
am Tag des Berliner Reichstagsbrands, im Zsolnay Verlag
erschien, war sie gerade einmal 22 Jahre alt. Ein Jahr

später erhielt sie dafür den Wiener Literaturpreis (Julius-Reich-Preis). Seit 1929 schrieb Spiel für die *Neue Freie Presse*, sie studierte Psychologie und Philosophie und arbeitete in der Wirtschaftspsychologischen Forschungsstelle der Universität Wien. Ihren Hang zum Schreiben hatte Hilde Spiel schon als Jugendliche entdeckt, noch bevor sie ihre Eltern an der reformpädagogischen Frauenoberschule von Eugenie Schwarzwald in der

Wallnerstraße anmeldeten. Ab dem letzten Schuljahr besuchte Hilde häufig das im gleichen Gebäude befindliche Café Herrenhof. Hier trafen sich Schriftsteller und solche, die es werden wollten. Neben Robert Musil, Franz Werfel und Hermann Broch verkehrte dort auch der junge Friedrich Torberg, Hilde Spiels »Freundfeind«, wie sie ihn nannte. Mit ihm trug sie ein Leben lang Fehden aus. 1933 hatte Torberg für *Der Schüler Gerber hat absolviert* den Julius-Reich-Preis bekommen; dass eine »zweite frühreife Pflanze des Herrenhof, noch dazu aus seiner engsten Umgebung«, wie Hilde Spiel schrieb, die gleiche Ehrung erhalten würde, behagte ihm nicht. Während

---

Porträt Hilde Spiels aus dem Jahr 1955.

Torbergs zweiter Roman jedoch im Zsolnay Verlag erschien, wurde Spiels *Der Sonderzug* abgelehnt – für die Autorin »die größte Enttäuschung meines Lebens«.

Dass sie nicht in Wien bleiben würde, wusste Hilde Spiel schon nach den Bürgerkriegstagen im Februar 1934, die den austrofaschistischen Ständestaat besiegelten. »Was vier Jahre später geschah, war entsetzlich, aber vorhersehbar gewesen für alle, die ihre Augen nicht davor verschließen wollten«, schrieb Spiel. Die Schriftstellerin promovierte Anfang 1936, am 24. Oktober verließ sie als eine der ersten EmigrantInnen die Stadt in Richtung London. Der Schriftsteller und Journalist Peter de Mendelssohn, den sie kurz nach der Emigration heiratete, erwartete sie in England. Die erste Zeit lebte das Paar aus Geldnot »immer an der Kante einer Kluft entlang, stets dem Absturz nah«. Inspirierend waren die Treffen mit anderen LiteratInnen im Exil wie Carl Zuckmayer, Stefan Zweig oder Robert Neumann. Auf Neumanns Vermittlung hin wurde Spiel 1937 Mitglied des Londoner P.E.N.-Clubs, einer internationalen SchriftstellerInnenvereinigung, die ihr in der neuen Umgebung »so etwas wie ein erstes Heimatgefühl« vermittelte. Ihre journalistische Arbeit setzte Spiel unter anderem als Berichterstatterin für die Londoner Wochenzeitung *New Statesman* fort. Ende Oktober 1939 kam Tochter Christine zur Welt, 1944 folgte Sohn Anthony Felix (Brigid, ihre zweite Tochter, war im Jahr zuvor bei der Geburt gestorben). Hilde Spiel und ihr Mann, nun Regierungsbeamter, hatten 1941 die britische Staatsbürgerschaft erhalten. Als sich zu Kriegsende der Chefredakteur des *New Statesman* erkundigte, ob sie nun beabsichtige, in ihr Land zurückzukehren, fragte sich die Schriftstellerin zum ersten Mal: Welche Welt ist meine Welt? – Eine Frage, die sie ihr ganzes Leben begleitete.

Im Jänner 1946 kam Hilde Spiel als Kriegskorrespondentin des *New Statesman* nach acht Jahren erstmals wieder nach Wien. Noch während ihres Aufenthalts, den sie in dem Buch *Rückkehr nach Wien* festhielt, schrieb sie an ihren Mann: »Ich bin sicher, daß ich um nichts in der Welt eine Wienerin sein möchte. [...] Alles ist hier liebenswert außer der Haltung der Wiener [...].« Peter de Mendelssohn arbeitete ab Juli 1945 als Presseoffizier der US-Sektion der Alliierten in Berlin, ab März 1946 stand er im Dienste der britischen Besatzungsarmee. Hilde Spiel folgte ihm mit den Kindern im Herbst. Während die Berliner im Hungerwinter von 1946 darbten, führte die Familie in einer stattlichen Villa mit Personal im Grunewald eine, wie Spiel es nannte, »Existenz höherer Kolonialbeamter«. In dem Haus führte Spiel auch einen privaten Salon, in dem neben alliierten Kulturoffizieren, Theaterleuten und JournalistInnen auch Klaus und Erika Mann, Erich Kästner, Helmut Kindler, Peter Suhrkamp und Heinz Ullstein verkehrten. Sie schrieb damals Berichte für Berliner Zeitungen, für den *New Statesman* oder das *Neue Österreich*. 1947 wurde Peter de Mendelssohn Chefredakteur der Berlinausgabe der eben erst gegründeten Hamburger *Welt* und bestellte sie zur Theaterkritikerin. In diesem Beruf sollte Hilde Spiel es zur Perfektion bringen. Begeistert schrieb sie: »Ich bin erregt von den Möglichkeiten, im

Rahmen einer Rezension grundsätzliche Meinungen jeglicher Art zu äußern, aber sicher auch von dem Bewußtsein einer plötzlich errungenen Macht.«

1948 war der Glücksrausch zu Ende: Die politische Lage zwischen West und Ost hatte sich bedrohlich zugespitzt, mit den Kindern kehrte Hilde Spiel deshalb in die, wie sie es bezeichnete, »öde und dennoch fruchtbare Einsamkeit von Wimbledon« zurück. Sie schrieb weiter brillante Essays und Berichte für internationale Medien und begann, Theaterstücke und Prosa englischer AutorInnen zu übersetzen. Sosehr sie versuchte, sich wieder im Land zu integrieren, verspürte sie doch einen »tief eingewurzelten Hochmut« der EngländerInnen »allen ›Continentals‹ gegenüber, der mit dem Ende der gebotenen Rücksichtnahme auf ihre Notlage wieder zum Vorschein kommt«. Und wieder die Frage: Welche Welt ist meine Welt? Die Besuche in Österreich wurden häufiger. 1955 kaufte sie ihr »Haus am Bach« in St. Wolfgang, in dem sich, ähnlich wie in der Berliner Villa, KünstlerInnen und LiteratInnen trafen.

1963 dann der endgültige Ruf nach Wien: ein Exklusivvertrag als Kulturkorrespondentin der *Frankfurter Allgemeinen Zeitung (FAZ)*. 20 Jahre lang blieb Hilde Spiel dieser treu, auch wenn sie immer wieder über die lästige »Tagesarbeit« klagte, die ihr keine Zeit für die Schriftstellerei ließ. Dass sie nach dem Krieg nicht an ihre frühen literarischen Erfolge hatte anknüpfen können, bedauerte sie zutiefst. In ihren Büchern verarbeitete sie fast immer autobiografische Inhalte; Selbstfindung und die

Erfahrung von Fremde und Einsamkeit sind häufige Themen ihrer Werke. »Man übertreibt nur wenig, wenn man
sagt, daß ihre Person beinahe immer im Mittelpunkt ihrer
Bücher steht – auch wenn sich der Mittelpunkt bisweilen
zwischen den Zeilen dieser Prosa verbirgt«, schrieb Spiels
schärfster Kritiker und geschätzter Freund Marcel Reich-
Ranicki. Er hatte zwar die Eleganz und den Stil von Spiels
journalistischer Arbeit immer gerühmt, nicht aber ihre

Die Schriftstellerin und ihr schärfster Kritiker: Hilde Spiel und
Marcel Reich-Ranicki im Gespräch.

Belletristik. »[...] ein Leben lang wollte sie sich mit der Eigenart und mit den Grenzen ihres Talents nicht abfinden. Und je mehr sie als Essayistin und Journalistin gelobt wurde, desto nachdrücklicher beklagte sie die geringe Beachtung ihrer belletristischen Hervorbringungen«, schrieb er. Auch wenn sie später als »Grande Dame der Literatur« in Österreich vielfach ausgezeichnet und geehrt wurde – den Österreichischen Staatspreis begehrte Hilde Spiel immer vergeblich. Enttäuscht war sie auch 1972, als sie als Vizepräsidentin des Österreichischen P.E.N.-Clubs durch eine Intrige von Friedrich Torberg um das Amt der Präsidentin gebracht worden war. Gekränkt zog sie sich am Tag nach der Wahl »von allen ihren Ehrenämtern in diesem Land, gewissermaßen aus seiner Öffentlichkeit zurück«.

Im Februar 1971 heiratete Hilde Spiel ihren langjährigen Freund und Schriftstellerkollegen Hans Flesch-Brunningen. Die Ehe mit Peter de Mendelssohn war, wie sie schrieb, Anfang der 1960er Jahre an der »Monotonie im grünen Grab« von Wimbledon zerbrochen. Doch auch die zweite Ehe verlief nicht glücklich. Die Autorin arbeitete und reiste viel, unternahm Lesetouren, »immer anstrengender, ja aufreibender das alles für eine doch unübersehbar alternde Frau«, schrieb sie. Als die Psychoanalytikerin Anna Freud sie einmal bei einer Begegnung in London kurz vor deren Tod fragte, wie sie es anstelle, wesentlich jünger auszusehen, als sie sei, antwortete Spiel: »Arbeit.« Darauf Anna Freud: »Ja, so hab ich's auch gemacht.«

1983, mittlerweile 72 Jahre alt, dachte Hilde Spiel daran, ihre Tätigkeit für die *FAZ* zu beenden. Doch dem Angebot, als Korrespondentin wieder nach London zu gehen, konnte sie nicht widerstehen. Nur ein Jahr später erkrankte Spiel an Krebs und musste ihre journalistische Karriere aufgeben. 1988 wurde ihr Filmdrehbuch *Anna und Anna* im Vestibül des Wiener Burgtheaters aufgeführt – für sie eine wiedergutmachende Anerkennung ihrer dichterischen Leistung. Trotz schwerer Krankheit veröffentlichte Hilde Spiel 1989/90 ihre Memoiren. Am 30. November 1990 starb die Schriftstellerin in Wien. Sie wurde auf dem Friedhof von Bad Ischl beerdigt. Ihr Nachfolger bei der *FAZ*, Ulrich Weinzierl, drückte aus, was viele damals dachten: »Wir alle wussten: So jemand kommt nicht wieder.«

MIRA LOBE
1913–1995

»Bücher sind zu mancherlei da [...] Damit man
lacht, zum Beispiel. Lachen ist wichtig.
Damit man gescheiter wird. Gescheit sein ist
wichtig. Damit man Sehnsucht bekommt.
Das ist vielleicht das Wichtigste.«

Geboren am 17. September 1913 als Hilde Mirjam Rosenthal in Görlitz, Schlesien • 1933 Abitur am Gymnasium • 1936 Studienbeginn an der Berliner Universität • Ausbildung zur Maschinenstrickerin an der Berliner Modeschule • 1936 Auswanderung nach Palästina • 1940 Heirat mit Friedrich Lobe • 1943 Geburt von Tochter Claudia • erste schriftstellerische Versuche • 1947 Geburt von Sohn Reinhardt • erste Kinder- und Jugendbücher auf Hebräisch • 1950 Umzug nach Wien • 1957 Umzug nach Ostberlin, Rückkehr nach Wien • ab 1958 ständige Zusammenarbeit mit den Verlagen Jungbrunnen und Jugend & Volk • mehrfache Auszeichnung mit dem Österreichischen Kinder- und Jugendbuchpreis • Lobes Lebenswerk umfasst über 100 Kinder- und Jugendbücher • 1980 erster Österreichischer Würdigungspreis für Kinder- und Jugendliteratur • gestorben am 6. Februar 1995 in Wien

»Meine Mutter hat gerne in Wien gelebt und viele Freunde hier gehabt, aber Wienerin war sie keine«, versichert ihre Tochter Claudia Lobe. Kann man Mira Lobe nicht

dennoch eine Wienerin nennen, weil sie hier beruflich
groß wurde? Generationen von Kindern und Erwachse-
nen sind mit den *Geggis*, der *Omama im Apfelbaum* und
dem *Kleinen Ich bin ich* aufgewachsen, haben *Das Städt-
chen Drumherum* besucht, *Die Sache mit dem Heinrich*
gelesen und mit der *Räuberbraut* Abenteuer im Kopf erlebt. Mira Lobe hat dem österreichischen Kinder- und
Jugendbuch wie keine andere ihren Stempel aufgedrückt.

Porträt der Kinder- und Jugendbuchautorin Mira Lobe, um 1990.

Die Autorin kam 1950 nach einem 14-jährigen Aufenthalt in Israel nach Wien. Geboren wurde sie in Görlitz, Schlesien, als zweite Tochter einer sozialdemokratisch gesinnten, bürgerlich-jüdischen Kaufmannsfamilie. Als Mira zwölf war, entdeckte sie ihre Freude am Schreiben. Doch für ihr Tiermärchen, das sie stolz als Hausaufgabe präsentierte, erntete sie vom Lehrer böse Blicke. Ein Mädchen in ihrem Alter könne sich unmöglich so eine Geschichte ausdenken. Dass sie es abgeschrieben habe, unterstellte er ihr. »Ich dachte: ›Wenn ein Professor dein Märchen so enorm findet, daß er dir nicht zutraut, es selbst geschrieben zu haben, dann bist du offenbar nicht unbegabt. [...] Dann wirst du später vielleicht einmal Geschichten schreiben.‹«

Das Dritte Reich warf bald seine Schatten voraus. Als sie ein Referat über Heinrich Heine hielt, sprach der Deutschprofessor von der »Stimme des Blutes«. »Und da habe ich ein bißchen geschrien, und er hat auch ein bißchen geschrien – und von da an war mir klar, daß ich nicht in Deutschland bleiben würde.« Nach dem Abitur wollte Mira Journalistin werden, sie begann, Germanistik und Kunstgeschichte zu studieren, doch die Universität durfte sie als Jüdin bald nicht mehr besuchen. »Wenn sie mich im Deutschen Vaterland [...] nicht haben wollen, dann gehe ich nach Palästina«, entschied sie. Sie lernte Hebräisch und an der Berliner Modeschule Maschinenstricken. Erst 1936 konnte sie ausreisen. Im Sommer 1940 heiratete Mira den Schauspieler Friedrich Lobe, der am hebräischen Theater Ohel in Tel Aviv Regie führte. Als sich

1943 Tochter Claudia ankündigte, Mira arbeitete damals in einer Druckerei, machte sie abends erste Schreibversuche. 1947 kam Sohn Reinhardt zur Welt. Im folgenden Jahr erschien in Zusammenarbeit mit Jemimah Tschernowitz, mit der sie 1947 bereits *Zwei Freunde zogen des Weges* herausgebracht hatte, ihr erstes Jugendbuch auf Hebräisch: *Insu-Pu, die Insel der verlorenen Kinder*. Es handelt von den damals aktuellen Kinderverschickungen und erzählt die Geschichte von elf Mädchen und Buben, die, nachdem ihr Schiff gekentert ist, auf einer einsamen Insel einen Kinderstaat gründen.

Die Lobes lebten damals in sehr schlechten Verhältnissen, die politische Situation hatte sich nach der Staatsgründung Israels verändert. Da Friedrich Lobe den Zionismus ablehnte, blieben die Regieaufträge aus. Das Paar wollte Israel verlassen, aber nicht zurück ins »Täterland Deutschland«. Von einer Auslandstournee kehrte Friedrich Lobe mit einem Halbjahresvertrag am kommunistischen Neuen Theater in der Scala in Wien zurück. Im August 1950 zog die Familie in die von den Alliierten besetzte Hauptstadt, nicht wissend, ob sie bleiben konnte. Dass der Antisemitismus auch in Österreich zu Hause war, verdrängte Mira Lobe lange. »Ich habe mich weggedreht, was man nicht soll«, sagte sie 1988. »Das Thema hat mich aber später umso stärker eingeholt.«

Mira Lobe versuchte, in der neuen Stadt beruflich Fuß zu fassen. 1951 erschien die deutsche Erstausgabe von *Insu-Pu* im Verlag Waldheim-Eberle. Für den Globus Verlag verfasste die Autorin 1952 *Anni und der Film*.

Weil sich der Verlag jedoch ein klassenbewusstes Buch nach kommunistischen Moralvorstellungen wünschte, beendete sie die Zusammenarbeit. Auftragsarbeiten lagen ihr nicht. Neben dem Bücherschreiben arbeitete Mira Lobe auch für die kommunistische Kinderzeitschrift *UZ – Unsere Zeitung*, wo sie mit Illustratorin Susi Weigel Freundschaft schloss, aus der sich schon bald eine erfolgreiche Zusammenarbeit entwickelte. Mit *Der Tiergarten reißt aus* starteten die Frauen 1953 zunächst eine Reihe an Kinderbüchern im Schönbrunn Verlag, darunter auch der Bestseller *Bärli Hupf*. »Das Tippen ihrer Schreibmaschine war für mich so wie für andere Kinder, wenn ihnen Mama ein Gute-Nacht-Lied singt«, erinnert sich Claudia Lobe an die nächtliche Arbeit ihrer Mutter, »es bedeutete ›sie ist da, ich kann ruhig schlafen‹«.

Der Kalte Krieg zerstörte die Ruhe. Mira Lobe, die, wie sie sagte, »zwar politisch hoch interessiert und natürlich ganz links war, aber nie aus einer kommunistischen Mitte heraus gelebt hatte«, war 1953 Mitglied der Kommunistischen Partei Österreichs (KPÖ) geworden. Doch die Veränderungen in der Partei behagten ihr nicht. Nachdem russische Truppen 1956 gewaltsam den Volksaufstand in Ungarn niederschlugen, gab sie wie Tausende andere, jedoch als einzige kommunistische Schriftstellerin, ihr Parteibuch zurück. Obwohl Friedrich Lobe nie Mitglied der Partei war, traf ihn das kommunistInnenfeindliche Klima hart: Das Scala-Theater wurde 1956 geschlossen, die SchauspielerInnen bekamen nirgends in Wien mehr Arbeit. Als man Lobe ein Engagement am Ostberliner Deutschen Theater anbot, entschloss sich das Paar, aus finanziellen Gründen, dorthin zu ziehen. Berlin war jedoch enttäuschend. Mira Lobe fühlte sich durch die Distanz zur kommunistischen Partei völlig isoliert. Die dortigen Ansichten über Kinderliteratur widersprachen den ihrigen. Die Familie versuchte deshalb alles, um wieder zurück nach Wien zu können. Noch im selben Jahr ging dieser Wunsch in Erfüllung: Friedrich Lobe war ans Theater in der Josefstadt engagiert worden. Doch kurz nach seinem Debüt starb der Regisseur und Schauspieler an Herzversagen.

Mira Lobe hatte nun alleine zwei Kinder zu ernähren. Der Jungbrunnen Verlag, der ihr in dieser Zeit die ständige Zusammenarbeit anbot, sollte bis zuletzt ihre Verlagsheimat bleiben. Bereits zuvor hatte die Autorin zusammen mit Susi Weigel Bücher für die Verlage Jungbrunnen und Jugend & Volk geschrieben. Für *Titi im Urwald* erhielt sie 1958 erstmals den Österreichischen und den Wiener Kinder- und Jugendbuchpreis. Bis 1965 erschienen ihre mit Susi Weigel produzierten Bücher in der Reihe »Mira-Susi-Bücher«. Mit der Geschichte vom *Kleinen Ich bin ich* entstand 1972 das heute meistverkaufte Buch der sozialkritischen Autorin. Die Begegnung mit AußenseiterInnen, Freiheit, Hilfsbereitschaft und Solidarität, Identitätsfindung und der kindliche Umgang mit Autorität sowie der Mut, »sich zu trauen, anders zu sein als alle andern«, sind zentrale Themen in Mira Lobes Werken. Kinder sah sie als eigenständige Persönlichkeiten an, »deren Würde man respektieren muss«. Sie schrieb Bil-

derbücher mit Sprachspiele-
reien ebenso wie Erzählungen
für ältere Kinder, in denen sie
auch Tabus wie Gewalt in der
Familie aufgriff. Stets gelang
es ihr dabei, eine Botschaft
mitzuteilen, ohne den Zeige-
finger zu erheben.

In den 1970er Jahren
stießen neue IllustratorInnen
zum Jungbrunnen Verlag. Zusammen mit Angelika Kauf-
mann und Winfried Opge-
noorth, die auch inhaltliches
Mitspracherecht hatten, schrieb Mira Lobe Buchlieblinge
wie *Der Apfelbaum*, *Komm, sagte die Katze* oder *Valerie
und die Gute-Nacht-Schaukel*. »Mira hatte meistens
schon ein Exposé [...]«, erinnert sich Kaufmann. »Dünn-
postpapier hat sie fast immer verwendet, mal weiß, mal
gelb, mal rosa oder himmelblau – dichtest beschrieben:
Bemerkungen dazwischen und am Rand, Einfügungen,
Streichungen, Notizen in Klammern, Hinweise, Infrage-
stellungen, Rufzeichen !!! [...] und manchmal die Bemer-
kung: jetzt komme ich überhaupt nicht mehr weiter [...]«
In solchen Momenten half die »Gruppe«: Mitglieder der
österreichischen Kinderbuchszene, darunter Friedl Hof-

*2012 feierte Mira Lobes Kinderbuchbestseller »Das kleine Ich bin
ich« sein 40. Jubiläum.*

bauer, Käthe Recheis, Renate Welsh und Vera Ferra-Mikura, tauschten sich dort im privaten Umfeld aus, planten, diskutierten und unterstützten sich gegenseitig.

1980 erhielt Mira Lobe den erstmals vergebenen Österreichischen Würdigungspreis für Kinder- und Jugendliteratur. Bewusst wohnte sie in einer Gemeindewohnung in »ganz normalen Verhältnissen«, zu viel Rummel um ihre Person lehnte sie ab. Zu wissen, »es lohnt sich«, die stille Freude, mit Büchern Erfolg zu haben, die Kindern »etwas bringen«, war ihr wichtiger.

Über 100 Bücher hat Mira Lobe geschrieben, die in etliche Sprachen übersetzt wurden. Viele davon sind zeitlos und werden immer wieder neu aufgelegt. »Produzieren ist schön, einfach schön. Da fühlt man sich leben. Das ist nach der Liebe das zweitbeste Gefühl«, sagte die Humanistin einmal.

Gegen Ende ihres Lebens fehlte Mira Lobe trotz Sehnsucht nach dem Schreiben oft die Kraft dazu. »Ich glaub, ich bin ein bißl müde«, sagte sie mit fast 80. Wegen häufiger Schwächeanfälle zog die Schriftstellerin schließlich in ein SeniorInnenheim. »Ihre größte Angst war, die Sprache zu verlieren, sich nicht mehr ausdrücken zu können«, schildert Claudia Lobe. »›Wenn ich nicht mehr schreiben kann, mag ich nicht mehr leben‹, sagte sie.« Am 6. Februar 1995 starb die beliebte Schriftstellerin. 2013 wäre Mira Lobe 100 Jahre alt geworden.

»Der Herr im Haus bin ich!
Das Hotel Sacher, das bin ich!«

Anna Sacher

GESCHÄFTSFRAUEN UND PIONIERINNEN

Anna Sacher
1859 – 1930

Anna Freud
1895 – 1982

Margarete Schütte-Lihotzky
1897 – 2000

Josefine Hawelka
1913 – 2005

Wenn die Schriftstellerin Rosa Mayreder als Kind vom Sommerquartier der Familie auf der Hohen Warte in die Stadt zur Schule fuhr, begegnete sie Tag für Tag der Stellwagen-Expeditorin Nettl, die für die Koordination des Stellwagenbetriebs sorgte: »Schon als sechsjähriges Mädchen stand sie mit ihrer Mutter, die ihre Vorgängerin war, auf demselben Platz, sie kannte von Wien nur den Weg zwischen der Freyung und ihrer Wohnung in Sechshaus, den sie täglich um 6 Uhr früh herein- und um 10 Uhr nachts hinausging, also nicht einmal den Stephansplatz; denn freie Tage gab es in ihrem Dienst nicht.« Der harte Arbeitsalltag der »Stellwagen-Nettl« ist beispielhaft für jenen vieler arbeitender Frauen Mitte des 19. Jahrhunderts. Die zur Jahrhundertwende einsetzende Industrialisierung hatte in hohem Maße die Frauen getroffen. Die maschinelle Produktion hatte die Handarbeit verdrängt, viele Frauen mussten unter prekärsten Bedingungen als Hilfsarbeiterinnen in den Fabriken arbeiten. Frauen des unteren Mittelstands waren häufig als Kellnerinnen, Näherinnen, Dienstbotinnen oder Verkäuferinnen tätig und wurden ebenfalls nur sehr gering entlohnt. Bürgerliche Frauen, deren Status ihnen derlei Arbeit versagte, waren als Gouvernanten oder Gesellschafterinnen in Privathäusern tätig, wenn sie sich selbst versorgen mussten.

Der Wiener Frauen-Erwerbverein schuf ab 1866 durch Nähstuben und Handelsschulen neue Arbeitsmöglichkeiten für bürgerliche Frauen des »neuen Mittelstands«. In gewerblichen Fortbildungskursen erhielten

Blick auf die Stadt Wien und den Stephansdom.

Volksschulabgängerinnen eine Grundausbildung in kauf-
männischem Rechnen und Buchhaltung. Dass eine Frau
etwa Schneidermeisterin oder selbstständige Friseurin
wurde oder gar eine leitende Funktion innehatte, war
damals jedoch noch ausgeschlossen. »Es war der Beginn
des Kampfes ums Brot, dem wenige Jahre später der
Kampf um Gleichberechtigung der Frau in der Schule, im
Handel und Gewerbe und in der Ehe folgen sollte«, schrieb
Marianne Hainisch, die Leitfigur der ersten Frauenbewegung. Bald wurden Frauen auch im Banken-, Post-
und Eisenbahndienst zugelassen. Die Tätigkeit des »Fräu-
leins vom Amt« etwa, die in einer Vermittlungsstelle
TelefonteilnehmerInnen am Klappenschrank miteinander
verband, war seit den Anfängen des Telefons eine für
Frauen vorgesehene Beschäftigung. Zur Jahrhundertwende arbeiteten die meisten Frauen neben der Land-
und Forstwirtschaft in der Textilindustrie und im öffentlichen Dienst, ein Großteil jedoch in gering oder
unqualifizierter Stellung. In allen Berufen wurden Frauen
zudem schlechter entlohnt als Männer. Lehrerinnen etwa
bekamen bei gleicher Leistung und Ausbildung um fast
ein Drittel weniger Gehalt.

Auch den Zugang zu höherer Bildung als Vorausset-
zung für qualifiziertere, besser bezahlte Berufe mussten
Frauen sich hart erkämpfen. Erst 1897 wurden Frauen
in Österreich zum Studium an der Philosophischen
Fakultät zugelassen, Rechtswissenschaften und Technik
durften sie überhaupt erst ab 1919 studieren. Der Zugang
zum regulären Studium an öffentlichen Kunstschulen

stand ihnen ebenfalls erst nach der Jahrhundertwende offen.

Jene Frauen, die wie Anna Freud als Pionierinnen auf ihrem Gebiet auftraten oder sich wie Josefine Hawelka als erfolgreiche Geschäftsfrauen behaupteten, wählten fast immer früher oder später den Weg in die Selbstständigkeit, denn nur so konnten sie ihre beruflichen Wünsche und Visionen in die Tat umsetzen. Eine anspruchsvolle Tätigkeit als Angestellte zu finden, war für Frauen lange Zeit so gut wie aussichtslos. Durch Talent, Zähigkeit, Fleiß und Intelligenz eroberten sie wie Margarete Schütte-Lihotzky männerdominierte Branchen und bewiesen wie Anna Sacher als Chefinnen Führungsqualitäten.

Anna Sacher
1859–1930

»Der Herr im Haus bin ich!
Das Hotel Sacher, das bin ich!«

Geboren am 2. Jänner 1859 als Anna Maria Fuchs in Wien II. • 1880 Heirat mit Hotelier Eduard Sacher, Sohn des Erfinders der Sacher-Torte • Geburt der Kinder Anna (1882) und Eduard (1883) • 1892 Tod ihres Mannes; Übernahme der Leitung des Hotel de l'Opera und Umbenennung in Hotel Sacher • k. u. k. Hoflieferant • Goldenes Verdienstkreuz als erste Bürgerin der Republik Österreich • 1929 Beantragung ihrer eigenen Entmündigung und Abgabe der Hotelleitung • gestorben am 25. Februar 1930 in ihrem Hotel • 1934 übernimmt die Familie Gürtler das Sacher, in deren Besitz es heute noch ist

Wer das Sacher durch den Hoteleingang in der Philharmonikerstraße betritt, kommt nicht an Anna Sacher vorbei: Mit wachsamem Auge, den Nerz locker über die Schultern gelegt, blickt sie von ihrem Gemälde hinter dem Empfangstresen auf die Neuankömmlinge herab. Aufmerksam, wie man es von ihr kannte. Einer Anna Sacher entging nur selten etwas.

Als Eduard Sacher und die Fleischhauerstochter Anna Fuchs 1880 heirateten, war Eduard 37 Jahre alt und ein bereits über die Stadtgrenzen hinaus bekannter Hotelier und Gastronom. Sein Vater Franz, ebenso Gastronom

und Erfinder der berühmten Sacher-Torte, hatte den Sohn beim Bau des Hotels auf dem Grundstück des ehemaligen Kärntnertortheaters finanziell unterstützt. Im eleganten Hotel de l'Opera, direkt hinter der 1869 eröffneten k. u. k. Hofoper (der heutigen Wiener Staatsoper), gaben sich Wiens Aristokratie, Mitglieder des Kaiserhauses und ausländische Würdenträger ein Stelldichein. Hier wurde Politik gemacht, der neueste Tratsch und Klatsch verbreitet und vor allem vorzüglichst gespeist.

Anna, gerade einmal 21 Jahre alt, gefiel dieses Umfeld. Sie hatte ein gutes Händchen im Umgang mit Menschen und wusste, wie man Kontakte knüpfte und pflegte. Als ihr Mann 1892 starb, übernahm sie das Szepter. Sie erkämpfte die Hotelkonzession, die nach Eduards Tod neu beantragt werden musste, und erlangte das Recht, »k. u. k. Hoflieferant« bleiben zu dürfen. Aus dem Hotel de l'Opera machte Anna 1896 das Hotel Sacher.

Fast 40 Jahre lang führte »die Frau Sacher« das noble Haus in der Innenstadt. Eine Havanna zwischen den Fingern, mehrere Französische Bulldoggen an der Hand (sie soll über 700 dieser Hündchen gezüchtet und besessen haben), so kannten die WienerInnen die resolute Hotelchefin. »Sie wusste alles – und sagte nichts. Mit ihren Gästen pflegte sie vertraulichsten Umgang. Sie betreute sie aufmerksam, aber nicht unterwürfig und wer nach dem Direktor des Hauses gefragt hatte, bekam zunächst eine Dame zu sehen und dann die Antwort: ›Der Herr im Haus bin ich!‹, oder auch: ›Das Hotel Sacher, das bin ich!‹«, beschreibt ein Zeitgenosse das Wiener Original.

Die Gäste schätzten es, wenn Anna Sacher, die sich auch durch ihre hervorragenden Kochkünste auszeichnete, persönlich an den Tischen vorbeischaute, fragte, ob's denn auch geschmeckt habe, und sich nach dem werten Befinden erkundigte. Hatte ein jugendlicher Adeliger zu wenig Geld dabei, drückte die Hotelbesitzerin auch einmal ein Auge zu. Geschäftstüchtig, wie sie war, wusste sie, dass sie sich damit die Klientel von morgen warmhielt. Angehenden KünstlerInnen gewährte sie freien Mittagstisch, was diese ihr später oft mit einem Kunstwerk dankten. Großzügig war sie auch zu den Angestellten: Erkrankte jemand, übernahm Anna Sacher die Arztkosten; wer heiraten wollte, bekam zwei Wochen Bedenkzeit auferlegt, dann aber zu den Glückwünschen die Wohnungsausstattung gleich dazugeschenkt. Dafür erwartete sie auch ganze Arbeit. Die Lehrjungen, die »blöden Buam«, kassierten schon mal eine »Tetschn« [Ohrfeige], wenn sie nicht taten, wie die Chefin wollte.

Unter Anna Sachers Regie erlebte das Hotel seine Hochblüte. Der Erste Weltkrieg setzte dem Höhenflug ein jähes Ende. Das alte Österreich zerbröckelte, die adelige Stammkundschaft verarmte. Trotzdem hielt ihnen die Hotelchefin die Treue, denn: »Was soll denn der arme Hascher machen? Arbeiten gehen? Das hat er doch nicht gelernt. Geben will ihnen auch niemand was. Also muss ich es tun. Ich, Anna Sacher. Wir sind an ihnen reich geworden, jetzt werden wir wegen ihnen nicht zugrunde gehen.«

Zugrunde ging das Sacher nicht, doch die Schulden stiegen. Nur widerwillig stimmte die alternde Chefin in den 1920er Jahren einer Jazzkapelle zu, um das Hotel an die modernen Zeiten anzupassen. Sie war und blieb eben eine Frau der Monarchie. Allmählich wurde die Geschäftsfrau vergesslich, die Kassabücher stimmten nicht mehr, das Hotel war heillos überschuldet. Im Bewusstsein dessen beantragte Anna Sacher ihre Entmündigung und gab im März 1929 die Hotelleitung ab. Am 25. Februar 1930 starb sie in ihrem Hotel, für das sie gelebt hatte. Unter dem Geleit Tausender Wiener BürgerInnen wurde sie auf dem Dornbacher Friedhof in Wien-Währing bestattet. 1934 übernahmen die Ehepaare Gürtler und Siller das Sacher und unterzogen es einer umfassenden Renovierung. Heute ist das Traditionshaus in Privatbesitz der Familie Gürtler.

ANNA FREUD

1895–1982

»Alles, was man über mich sagen kann, lässt sich in einen Satz zusammenfassen: Sie verbrachte ihr Leben mit Kindern.«

Geboren am 3. Dezember 1895 in Wien IX. als Tochter von Sigmund und Martha Freud • Besuch des Cottage Lyzeums in Wien-Döbling • 1915 bis 1920 Lehrerin am Cottage Lyzeum • 1918 bis 1921 Lehranalyse bei Sigmund Freud • 1922 Aufnahme in die Wiener Psychoanalytische Vereinigung • 1923 Eröffnung ihrer Praxis • ab 1925 Sekretärin am Wiener Psychoanalytischen Institut • 1927 Veröffentlichung der *Einführung in die Technik der Kinderanalyse* • 1927 bis 1934 Generalsekretärin der Internationalen Psychoanalytischen Vereinigung • 1935 bis 1938 Direktorin des Wiener Lehrinstituts • 1937 Gründung der Jackson Nursery • 1938 Emigration nach London • 1941 bis 1952 Gründung der Hampstead War Nurseries und Hampstead Child Therapy Courses and Clinic (heute Anna Freud Centre) • zahlreiche Ehrendoktorate und Publikationen • gestorben am 9. Oktober 1982 in London

Hunderte Menschen scharen sich täglich um das Haus in der Berggasse 19 in Wien-Alsergrund. Sigmund Freud, Begründer der Psychoanalyse, empfing hier bis 1938 seine KlientInnen. In den ehemaligen Praxisräumen ist heute das Sigmund Freud Museum untergebracht. Von außen

nicht sichtbar, ist auch die Geschichte von Freuds Tochter
Anna eng mit dem Haus verbunden. Am 3. Dezember
1895, wenige Monate nachdem sich Freud die Bedeutung
von Träumen eröffnete, wurde sie dort als jüngstes von
sechs Kindern geboren. Anna war ein wissbegieriges
Kind, mit Leichtigkeit hätte sie ein Gymnasium besuchen
und studieren können, doch das erlaubte der Vater nur
den Söhnen. So maturierte Anna mit 16 Jahren am
Cottage Lyzeum, lernte mehrere Sprachen und wurde zunächst Volksschullehrerin. Schon als Schülerin hatte sie
bei den mittwochs stattfindenden Zusammenkünften
der Wiener Psychoanalytischen Vereinigung zugehört,
mit 15 las sie die Werke ihres Vaters. Während ihrer Aus-

Anna Freud in ihrem Arbeitszimmer in der Berggasse 19, um 1920.

bildung zur Lehrerin besuchte sie Freuds Vorlesungen an der Universität. Ab 1916 unterrichtete Anna am Cottage Lyzeum, ihrer früheren Schule. 1918 begann sie eine dreijährige Lehranalyse bei Freud, die wegen der Vater-Toch-

Sigmund Freud und Tochter Anna in den Dolomiten, 1913.

ter-Beziehung bis heute auf Kritik stößt. Nach dem plötzlichen Grippetod ihrer Schwester Sophie im Jahr 1920 reifte Anna Freuds Entschluss, Psychoanalytikerin zu werden, was ihr Vater sehr begrüßte. Ihre Lehrtätigkeit gab Anna im Sommer 1920 aus gesundheitlichen Gründen auf. Sie arbeitete nun in der englischen Abteilung des Wiener Psychoanalytischen Verlags und begleitete ihren Vater zu internationalen Kongressen.

1921 lernte Anna Freud die damals 60-jährige Schriftstellerin Lou Andreas-Salomé kennen, die bei Freud studiert und eine Praxis in Deutschland eröffnet hatte. Sie wurde Annas mütterliche Freundin, förderte ihren Wunsch, sich dem Vater und der Psychoanalyse zu widmen, und unterstützte sie bei der Arbeit an ihrem Vortrag über »Schlagephantasien und Tagtraum« für die Aufnahme in die Wiener Psychoanalytische Vereinigung. 1922 wurde Anna deren Mitglied und eröffnete im Jahr darauf ihre Praxis im Haus in der Berggasse. Mit ihrer Entscheidung für die in der Wissenschaft noch neue Kinderanalyse setzte Anna das Erbe ihres Vaters zwar fort, grenzte sich damit aber beruflich von ihm ab. Als Sigmund Freud im selben Jahr an Krebs erkrankte, vertrat Anna ihren Vater fortan häufig bei offiziellen Terminen und wurde seine engste Vertraute.

Ab 1924 nahm Anna Freud an den Visiten des Psychiaters Julius Wagner-Jauregg an der Wiener Psychiatrischen Universitätsklinik teil. Sie »lauschte den Äußerungen der Patienten, ihren Träumen, Wahnbildungen und phantastischen Systemen«, die von erfahrenen KollegInnen analysiert wurden. »Was ich dort sah, [...] hat meine ganze spätere psychoanalytische Arbeit weitgehend beeinflußt [...]«, schrieb sie 1948.

1925 wurde Anna Freud Sekretärin am neu gegründeten Wiener Psychoanalytischen Institut zur Ausbildung junger AnalytikerInnen (Wiener Lehrinstitut). Im selben Jahr lernte sie die US-Amerikanerin Dorothy Tiffany Burlingham kennen, mit der sie eine innige Beziehung bis zu deren Tod verband. Dorothy zog mit ihren vier Kindern nach Wien und suchte dort Hilfe für die psychologischen Probleme ihres asthmakranken Sohnes. Anna übernahm dessen Analyse, und die beiden Frauen freundeten sich an. In der Berggasse lebten sie mehr und mehr als Familie zusammen, in die auch Sigmund Freud eingebunden war. »Unsere Symbiose mit einer amerikanischen Familie (ohne Mann), deren Kinder meine Tochter mit fester Hand analytisch großzieht, befestigt sich immer mehr [...]«, schrieb dieser im Jänner 1929.

Anna Freud hatte ihre Fähigkeiten im Bereich der Kinderanalyse inzwischen vertieft. Von 1927 bis 1934 war sie Generalsekretärin der Internationalen Psychoanalytischen Vereinigung. Sie hielt Vorlesungen am Wiener Lehrinstitut und veröffentlichte 1927 ihre *Einführung in die Technik der Kinderanalyse*. Die Publikation löste einen erbitterten Fachstreit mit der in Berlin dozierenden Kinderanalytikerin Melanie Klein aus, die parallel zu Anna Freud eine eigene Technik entwickelt hatte. Die beiden unterschiedlichen Ansätze sollten die britische Fachwelt nach 1940 in zwei Lager spalten.

Anna Freuds Lehrbuch *Einführung in die Psychoanalyse für Pädagogen* erschien 1930. Die Analytikerin hielt Vorlesungen für KindergärtnerInnen und LehrerInnen, um ihre Betrachtungsweisen zu verbreiten, und machte sich im Schulwesen einen Namen. 1935 wurde sie Direktorin des Wiener Psychoanalytischen Instituts. Ihre berühmte Publikation *Das Ich und die Abwehrmechanismen* schenkte sie ihrem schon schwer kranken Vater zum 80. Geburtstag mit der Widmung: »Das Bücherschreiben als oberstes Abwehrmittel gegen die Gefahren von innen und außen.«

Die politische Lage hatte sich mittlerweile verschärft: Nach Hitlers Machtergreifung in Deutschland 1933 wurden Freuds Bücher verbrannt, die jüdischen AnalytikerInnen verließen das Land. Im österreichischen Ständestaat geriet der diktatorische Bundeskanzler Kurt Schuschnigg zunehmend unter Hitlers Druck. Die Mitglieder der Wiener Vereinigung waren zögerlich. Sollten sie auch gehen und alles, was sie hier aufgebaut hatten, verlassen? Anna Freud konnte sich eine Emigration zunächst nur unter einer Bedingung vorstellen: »[...] Daß mein Vater irgendwelchen Demütigungen

EINFÜHRUNG
IN DIE TECHNIK DER
KINDERANALYSE

VIER VORTRÄGE
AM LEHRINSTITUT DER WIENER
PSYCHOANALYTISCHEN VEREINIGUNG

VON

ANNA FREUD

1927
INTERNATIONALER
PSYCHOANALYTISCHER VERLAG
LEIPZIG / WIEN / ZÜRICH

[...] ausgesetzt sein könnte.« Noch 1937 eröffnete sie mit Dorothy Burlingham und ihrer amerikanischen Kollegin Edith Jackson die Jackson Nursery, eine Krippe für Kinder von Wiener ArbeiterInnen. Ein Jahr später musste die Einrichtung schließen. Am 22. März 1938, zehn Tage nach dem Einmarsch der Nazis, wurde Anna von der Gestapo verhört. Bei sich versteckt hielt sie Veronal, um im schlimmsten Fall Selbstmord zu begehen. Die Flucht ins Ausland war nun keine Frage mehr. Am 4. Juni 1938 emigrierten die Freuds mithilfe von FreundInnen nach London.

In England wurde die Familie herzlich empfangen. Anna und Sigmund Freud wurden Mitglieder der Britischen Psychoanalytischen Gesellschaft. Im September 1938 bezog die Familie ihr Londoner Haus in 20 Maresfield Gardens im Stadtteil Hampstead, ein Jahr später starb Sigmund Freud. Anna organisierte die Aufarbeitung des Nachlasses und die Herausgabe seiner *Gesammelten Werke*. In den Folgejahren widmete sie sich mit großem Einsatz vom Krieg betroffenen Kindern. Mit finanzieller Hilfe des American Foster Parents' Plan for War Children eröffnete sie 1941 mit Dorothy Burlingham die Kriegskinderheime Hampstead War Nurseries. Die meisten der dort betreuten Kinder kehrten 1945 zu ihren Verwandten zurück, und das Heim wurde geschlossen. Im November 1941 hatte Anna Freud ein Ausbildungsprogramm für MitarbeiterInnen gestartet, das nach dem Krieg zur Gründung der Hampstead Child Therapy Courses führte. 1952 wurden diese durch eine Klinik erweitert, dem heutigen Anna Freud Centre, das sich Therapie, Ausbildung und Forschung in der Kinderanalyse widmet.

Neben ihrer Arbeit als Direktorin der Kinderklinik arbeitete Anna in ihrer Praxis, unternahm Vortrags- und Kongressreisen, hielt Gastvorlesungen, publizierte und wurde mehrfache Ehrendoktorin. Die Universität Wien verlieh ihr den Ehrendoktor für Medizin. 1968 begann sie mit der Herausgabe der achtbändigen Gesamtausgabe ihrer Werke, *The Writings of Anna Freud*. Zum Psychoanalytischen Kongress 1971 kam sie das erste Mal seit ihrer Flucht wieder nach Wien und wohnte der Eröffnung des Sigmund Freud Museums bei, an dessen Gründung sie mitgewirkt hatte.

Im November 1979 starb ihre Partnerin Dorothy Burlingham. In ihren verbleibenden Lebensjahren arbeitete die Analytikerin weiter in der Kinderklinik und an Büchern, ihre Gesundheit machte ihr aber zunehmend zu schaffen. Im März 1982 erlitt Anna Freud einen Schlaganfall, von dem sie sich nicht mehr erholte. Am 9. Oktober starb die Wegbereiterin der Kinderanalyse in ihrem Haus in Maresfield Gardens. 1986 wurde dort auf ihren Wunsch hin das Londoner Freud Museum eingerichtet. In Wien erinnert der Anna-Freud-Park in Hietzing heute an die Psychoanalytikerin.

MARGARETE SCHÜTTE-LIHOTZKY
1897–2000

»Die Architektur ist [...] eng verbunden mit allen sozialen Problemen und unzweifelhaft die populärste Kunst.«

Geboren am 23. Jänner 1897 in Wien V. • 1915 bis 1919 Studium der Architektur an der k. k. Kunstgewerbeschule • 1921 bis 1922 Mitarbeit in der Siedlerbewegung, unter anderem mit Adolf Loos • 1926 Präsentation der »Frankfurter Küche« • 1927 Heirat mit Wilhelm Schütte • 1930 bis 1937 Planung von Kindergärten in der Sowjetunion • 1937 bis 1940 Arbeit in Paris und Istanbul • 1939 Beitritt zur KPÖ • 1940 bis 1945 Widerstandskämpferin, Verhaftung durch die Gestapo, Gefängnis • 1948 erste Präsidentin des Bundes Demokratischer Frauen Österreichs • bis in die 1980er Jahre Planung von Kindereinrichtungen, Ausstellungen, Publikationen, Vorträge • 1985 Veröffentlichung ihrer *Erinnerungen aus dem Widerstand* • 1997 Großes Goldenes Ehrenzeichen für Verdienste um die Republik • gestorben am 18. Jänner 2000 mit 103 Jahren an den Folgen einer Grippe; sie erhielt ein Ehrengrab auf dem Wiener Zentralfriedhof

Wie viele klug durchdachte Wohnbauten würden Wien heute wohl bereichern, hätte man Österreichs erste Architektin tun lassen, was sie wollte: immer nur bauen. 1915, mitten im Ersten Weltkrieg, gehörte Margarete Lihotzky zu den 40 von 200 BewerberInnen, die zum Studium an der Wiener k. k. Kunstgewerbeschule am

Stubenring (heute Universität für angewandte Kunst) zugelassen wurden. Der lebensnahe Unterricht in der Vorbereitungsklasse von Oskar Strnad weckte ihren Berufswunsch: Sie wollte Architektin werden.

Der Vater, ein Staatsbeamter, war wenig begeistert: Wer würde schon eine Frau beauftragen, ein Haus zu bauen? Frauen durften zu dieser Zeit in Österreich noch nicht einmal wählen. Ein Studentenwettbewerb zur Planung von ArbeiterInnenwohnungen war letztlich entscheidend. Oskar Strnad schickte »Grete«, wie sie am liebsten genannt wurde, in die dicht bewohnten Wiener ArbeiterInnenbezirke, um sich ein realistisches Bild der Wohnsituation zu machen: »Neben meiner Schicht von Bürgerlich-Intellektuellen [...] lebte in Wien eine riesige Volksschicht von Hunderttausenden Menschen ihr angespanntes, mir bis dahin unbekanntes Leben. Über die Ursachen ihres Elends war ich mir damals nicht im Klaren, doch wollte ich einen Beruf ergreifen, durch den ich zur Linderung dieser Not beitragen konnte. Mein Entschluß, Architekt zu werden, stand endgültig fest.«

Porträt Margarete Schütte-Lihotzkys, um 1935.

Das Wohnungselend nach dem Ersten Weltkrieg stellte die ArchitektInnen vor neue Aufgaben. In Wien begründeten der in der Ära des »Roten Wien« eingeführte Mieterschutz und die Wohnbausteuer in den 1920er Jahren eine rege Wohnbautätigkeit. Viele soziale Wohnanlagen entstanden.

1920 nahm die Jungarchitektin als einzige Frau erfolgreich an einem Wettbewerb für eine Schrebergartensiedlung auf dem Schafberg teil. Durch den städtischen Siedlungsreferenten Max Ermers (mit dem sie bis zu dessen Tod eng befreundet blieb) kam sie in Kontakt mit der durch Wohnungsnot und Hunger entstandenen Siedlerbewegung, in der die Menschen sich mit Gärten selbst versorgten. Gemeinsam mit Adolf Loos und anderen namhaften Architekten arbeitete sie im Baubüro des Verbands für Siedlungs- und Kleingartenwesen, plante die Siedlungen im Lainzer Tiergarten, am Heuberg und den Winarsky-Hof (heute teilweise Otto-Haas-Hof) mit und hielt Vorträge zur Einrichtung von Siedlerhäusern. 1923 wurde ihr die Silberne Ehrenmedaille der Stadt Wien verliehen.

1926 folgte Lihotzky dem Ruf ins Frankfurter Hochbauamt unter Baustadtrat Ernst May. Sie sollte Wohnungsgrundrisse nach den Kriterien rationellster Haushaltsführung planen. Mit ihrem Konzept der »Frankfurter Küche«, die Frauen unnötige Arbeitsgänge ersparte und die tägliche Hausarbeit erleichterte, machte sie sich international einen Namen. In nur fünf Jahren wurden rund 10000 Wohnungen mit solchen Küchen übergeben.

Man(n) war der Meinung, eine Frau als Architektin wüsste am besten, was für das Kochen wichtig sei. Dabei hatte Lihotzky, wie sie selbst sagte, »bis zur Schaffung der Frankfurter Küche nie einen Haushalt geführt, nie gekocht und keinerlei Erfahrung im Kochen gehabt«.

Dass ihre Arbeit später oft auf die »verdammte Küche« reduziert wurde, war Schütte-Lihotzky zeitlebens ein Ärgernis. Viel weniger bekannt ist die Architektin als umsichtige Planerin von Kindereinrichtungen, die einen bedeutenden Teil ihres Lebenswerks ausmachten. Noch in Frankfurt projektierte sie die ersten Kindergärten für Siedlungen im Niddatal. Auch bezahlbare Wohnungen für alleinstehende, berufstätige Frauen entwarf die sozial orientierte Architektin.

1927 heiratete Grete Lihotzky den Architekten Wilhelm Schütte, der wie sie am Hochbauamt arbeitete. Im Frühsommer 1930 fragte Ernst May, ob sie mit nach Moskau, zur Planung neuer Wohnstädte für ArbeiterInnen der Schwerindustrie, kommen wolle. Während in Deutsch-

Die junge Architektin (unten Mitte) mit StudienkollegInnen der Kunstgewerbeschule am Stubenring, 1919.

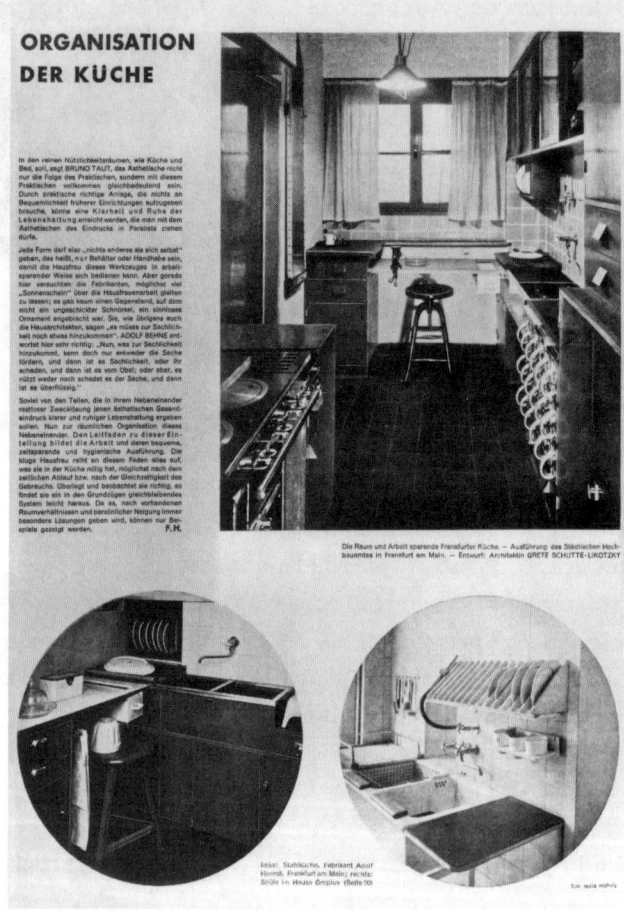

land Wirtschaftskrise und Arbeitslosigkeit herrschten, waren deutsche Fachkräfte für den Aufbau der jungen Sowjetunion gefragt. Prompt sagte sie zu, »aber unter zwei Bedingungen: erstens, daß mein Mann mitarbeitet, und zweitens, daß ich keine Küchen mehr machen muß, denn diese hängen mir schon zum Halse heraus«.

Schütte-Lihotzky leitete in der Planungsgruppe folglich die Abteilung für Kinderanstalten, Wilhelm Schütte war für den Schulbau zuständig. Ab 1936 verschärfte sich die politische Situation in der Sowjetunion. Ausländische ArchitektInnen wurden aus Sicherheitsgründen von städtebaulichen Arbeiten ausgeschlossen. Im August 1937 verließ auch das Ehepaar die Sowjetunion. Nach einem Aufenthalt in Paris, wo sie ersten Kontakt zur Widerstandsbewegung aufnahmen, gelangten sie über London nach Istanbul. Dort lernten sie den Architekten Herbert Eichholzer kennen, der die österreichische antifaschistische Gruppe in der Türkei aufbaute. 1939 trat Schütte-Lihotzky der damals illegalen Kommunistischen Partei Österreichs (KPÖ) bei. Im Dezember 1940 fuhr sie in das unsichere Wien, um eine Verbindung der dortigen Widerstandsgruppen mit dem Ausland herzustellen. Am Tag ihrer geplanten Rückreise wurde die Gruppe von einem Spitzel verraten und von der Gestapo verhaftet. Alle Mitglieder wurden zum Tode verurteilt. Schütte-Lihotzky überlebte: Mithilfe gefälschter Papiere hatte ihr Mann die Umwandlung des Todesurteils in 15 Jahre Zuchthaus erreicht. Vier Jahre davon saß sie im Gefängnis im bayrischen Aichach ab, wo sie 1945 durch

Die Zeitschrift »Die neue Linie« stellte 1931 die Vorzüge der von Margarete Schütte-Lihotzky entworfenen »Frankfurter Küche« vor.

amerikanische Truppen befreit wurde. Ihre Erlebnisse veröffentlichte sie 1985 in dem Buch *Erinnerungen aus dem Widerstand*.

Nach dem Krieg arbeitete Schütte-Lihotzky als freischaffende Architektin mit eigenem Büro. Mit ihrem Fachwissen hoffte sie, zum Wiederaufbau Österreichs beitragen zu können. Doch nach 1950 bekam sie wegen ihrer politischen Einstellung so gut wie keine öffentlichen Aufträge. Lediglich »einen halben Wohnbau und zwei Kindergärten« sollte sie in 20 Jahren für die Stadt Wien planen. »Ich bin dabei nicht verhungert. Aber während manch einer jener Architekten, die dem Naziregime treulich gedient hatten, große Aufträge der Gemeinde Wien erhielt und so der Nachwelt sichtbare Leistungen hinterlassen durfte, wurde mir dies als Verfolgte des Naziregimes und als Kommunistin verwehrt«, sagte Schütte-Lihotzky.

In den Folgejahren war die Architektin fast ausschließlich beratend tätig. 1951 trennte sie sich von ihrem Mann, arbeitete aber weiterhin in Projekten mit ihm zusammen. In der DDR erarbeitete sie an der Berliner Bauakademie Programme für Kinderanstalten, sie unternahm Studienreisen nach China und Kuba, gab ihr Wissen bei Ausstellungen und Kongressen weiter, beteiligte sich an Wettbewerben, hielt Vorträge und verfasste Artikel zum Bau von Kindereinrichtungen und anderen städte- und wohnbaulichen Themen. Ab 1970 lebte sie in einer kleinen, von ihr selbst geplanten Wiener Dachgartenwohnung in der Franzensgasse in der Nähe des Naschmarkts.

Soziales Engagement und der Einsatz für ein menschenwürdiges Leben für alle begleiteten Schütte-Lihotzkys Arbeit bis ins hohe Alter. 1948 wurde sie zur ersten Präsidentin des Bundes Demokratischer Frauen Österreichs gewählt und nahm infolge an zahlreichen Kongressen der Internationalen Demokratischen Frauenföderation teil. Als Initiatorin im antifaschistischen Frauenkomitee trug sie mit Antifaschismusfilmen und Publikumsgesprächen mit bekannten Persönlichkeiten über 30 Jahre lang zur Aufklärung junger Menschen bei. Viele Jahre saß sie auch im Vorstand des Österreichischen Friedensrats und des Komitees für Sicherheit und Zusammenarbeit in Europa. »Aber auf meinem eigentlichen Gebiet, dem Wohnungsbau, war nichts«, erinnerte sie sich, »und irgendwann war ich dann zu alt zum Bauen.«

Erst spät, als sie schon über 80 war, erinnerte sich das Land wieder an seine erste Architektin. Ehrentitel, Preise und hohe Auszeichnungen häuften sich, und sie erlebte noch die erste große Gesamtausstellung zu ihrem Lebenswerk im Wiener Museum für angewandte Kunst. »Heute tut diese Entwicklung allen leid«, sagte Schütte-Lihotzky, die sich trotz aller Widerstände nie als Opfer fühlte, zwei Jahre vor ihrem Tod. »Einige Politiker haben sich um eine Wiedergutmachung bemüht. [...] Sie waren Kinder, als das passierte. Sie können nichts dafür.«

JOSEFINE HAWELKA

1913–2005

❦

»Für ein Kaffeehaus braucht man Herz und Liebe.«

Geboren am 12. Oktober 1913 als Josefine Danzberger in Krems-
münster/Kirchdorf an der Krems (OÖ) • Mitarbeit im Gasthaus ihrer
Tante • 1929 Umzug nach Wien • Schankkassierin im Restaurant
Deierl in der Babenbergerstraße 5 • 1936 Heirat mit Leopold Hawelka • Pacht des Kaffeehauses Alt Wien in der Bäckerstraße 9 • 1939
Eröffnung des Café Hawelka in Wien I., Dorotheergasse 6; Geburt
von Tochter Herta • 1940 kriegsbedingte Schließung des Cafés;
Geburt von Sohn Günter • 1945 Wiedereröffnung des Cafés • gestorben am 22. März 2005 in Wien

»Man muß über übernatürliche Kräfte oder über besondere Verflechtungen verfügen, um in die Spanische Hof-
reitschule, in ein Philharmonisches Abonnementkonzert,
in die Silvester-Fledermaus der Wiener Staatsoper zu gelangen oder aber auch um eines Platzes an einem Tisch im
Hawelka teilhaftig zu werden. In diesem Fall besteht die
Verflechtung darin, daß man bei Frau Hawelka gut ange-
schrieben sein muß«, schrieb einst Hans Weigel. Wie viele
namhafte KünstlerInnen und LiteratInnen zählte der
Wiener Schriftsteller zu den gern gesehenen Stammgästen
des legendären Café Hawelka in der Dorotheergasse. Als
Weigel eines Abends mit einem Dutzend Personen ins

voll besetzte Café kam, »segelte« Josefine Hawelka »sehr
geschwind einige Male quer durch das Lokal und schlich-
tete die anderen Gäste kategorisch um, so daß an einem
Tisch in einer Loge wie durch ein Wunder Platz für uns

alle geschaffen war«. Beschwert darüber hat sich niemand. Das war immer so, bei »der Frau Hawelka«.

Josefine Hawelka, geborene Danzberger, stammte aus einer bürgerlichen Familie von Gast- und LandwirtInnen in Kirchdorf an der Krems. Ein Jahr war sie, als der Erste Weltkrieg ausbrach. Ihr Vater war Fleischhauer, ihre Mutter Hausfrau. Nach der Grundschule arbeitete sie bei ihrer Tante im Gasthaus. Für eine weiterführende Schule fehlte das Geld. Als der Gasthof verkauft wurde, zog Josefine 1929 nach Wien und nahm im Restaurant Deierl in der Babenbergerstraße eine Stelle als Schankkassierin an.

1933 lernte Josefine im Deierl Leopold Hawelka kennen, der dort schon seine Kellnerlehre gemacht hatte. 1936 heiratete das Paar und pachtete das Kaffeehaus Alt Wien in der Bäckerstraße. Ein halbes Jahr wohnte das Ehepaar in dessen Hinterkammer, dann zogen die beiden in eine Wohnung in der Köllnerhofgasse. 1939, als der Vertrag für das Alt Wien auslief, erhöhte der Besitzer die Pacht dermaßen, dass die Hawelkas nach einem anderen Lokal suchen mussten. In der Dorotheergasse 6 wurden sie fündig: Das Café Ludwig Carl stand zum Verkauf, dessen Vorbesitzer offenbar kurz vor oder nach dem Anschluss Österreichs geflüchtet war. Leopold Hawelka erwarb es am 15. Mai 1939 und eröffnete es bald darauf unter seinem heutigen Namen. Dass die Hawelkas bei Arisierungen mitgesteigert hatten, wurde später nie thematisiert.

Im Juli 1939, zwei Monate vor Ausbruch des Zweiten Weltkriegs, wurde Tochter Herta geboren. Anfang

1940 schloss das Ehepaar das Café, und Leopold wurde als Soldat eingezogen. Zu dieser Zeit war Josefine bereits wieder schwanger. Als im Juli Sohn Günter zur Welt kam, zog sie mit den Kindern zu ihrer Familie nach Oberösterreich. Für fünf Monate hatte man ihren Mann einberufen – tatsächlich wurden es fünf Jahre. 1945 konnten Josefine und Leopold ihr Café gemeinsam wieder eröffnen. Während die Häuser rundherum in Trümmern lagen, hatte das Hawelka, im Krieg als Lagerraum verwendet, die Bombenangriffe fast unbeschadet überstanden.

Die WienerInnen nutzten das kleine Kaffeehaus anfangs als Wohnzimmer, sie lasen die Zeitung und kamen, um sich aufzuwärmen. Schon damals war es Josefine

Leopold und Josefine Hawelka gratulieren dem Sänger Falco zum 30. Geburtstag im Café Hawelka, 1987.

(vom österreichischen Maler Hubert Aratym einmal treffend als »mögliche Neuinkarnation von Anna Sacher« bezeichnet), die die Geschicke des Hauses lenkte. »Meine Frau war immer der Motor für alles. Wenn meine Frau nicht wäre, wär auch kein Café Hawelka«, sagte ihr Ehemann. Leopold arbeitete tagsüber, Josefine hatte Spätschicht; das blieb in all den Jahren so. Täglich ab 14.30 Uhr war sie im Dienst, schaute nach den Gästen, erledigte die Post, machte Leopold das Essen. Solange die Kinder klein waren, passte ein Kindermädchen auf sie auf, später Vater Leopold. »Zu Mittag nach der Schule ging ich ins Kaffeehaus, habe dort gegessen, bin dann in den Stadtpark, Burg- oder Volksgarten und später mit dem Papa nach Hause marschiert«, erinnert sich Sohn Günter an den damaligen Alltag. Nur am Dienstagnachmittag, wenn Ruhetag war, gönnte sich auch Josefine eine Auszeit bei Spaziergängen und Ausflügen mit der Familie.

Auch die Angestellten wusste Josefine Hawelka im Zaum zu halten. »Wenn sie was gesagt hat, hat das schon seinen Sinn gehabt«, versichert ihr Sohn. Sie kümmerte sich um das Geschäftliche, die Ausgaben, die händische Bonierung und nächtliche Abrechnung. Sie rechnete im Kopf die Beträge aus, die Kellner bekamen einen handgeschriebenen Losungsbogen und ihre Summe ausbezahlt. »Am liebsten sind mir die späten Momente der nahenden Sperrstunde, wenn die Lichter bis auf ein Minimum abgeschaltet sind und die Sessel unwirklich verzaubert auf den Marmortischen stehen und Frau Hawelka, flankiert vom hosenträgertragenden Herrn Ober, sitzend – die Brille an der Grenze der Nasenspitze –, die Bons zählt«, beschrieb Maler Aratym das allnächtliche Bild.

Ewig mit ihrem Namen verbunden bleiben Josefines täglich ab 22 Uhr frisch servierte Buchteln. Viele Gäste kamen extra abends, wegen der Buchteln und natürlich der Frau Josefine. Sie wirkte rau, aber gutherzig, war schlagfertig und zäh, immer das Wohl der Gäste im Sinn. Ihre mütterliche Art machte vielen jungen KünstlerInnen Mut. »›Der Herr Canetti ist auch nicht immer *der* Herr Canetti gewesen. Geduld, aus Ihnen wird was, das spür ich, Herr Heller.‹ Die [Frau Hawelka] hat schon an mich geglaubt, als meine Familie noch auf meine Matura bestand [...]«, schrieb André Heller, Aktionskünstler und Stammgast seit Schulzeiten. Auf die wertvollen Bilder und Zeichnungen, die Josefine den jungen Talenten abkaufte und im Lokal aufhängte, ist die Familie heute noch stolz.

Über 60 Jahre lang führten Josefine und Leopold gemeinsam ihr Café. »Solang es geht, arbeiten wir. Ich hätt vielleicht schon aufgehört, aber meine Frau [...], die gibt nie Ruh [...]«, erklärte Leopold. Bis zuletzt stand die viel geschätzte Chefin im Geschäft. An einem Montag im März 2005 fühlte sie sich plötzlich nicht wohl, am Dienstag, ihrem freien Tag, starb sie mit 91 Jahren. Ihr Mann Leopold folgte ihr 100-jährig am 29. Dezember 2011. Sohn Günter und die Enkel Amir und Michael führen das Hawelka heute in ihrem Geiste weiter. »Das Kaffeehaus war ihr Leben«, sagt Günter über seine Mutter. Auch darin steht sie Anna Sacher in nichts nach.

LITERATUR

Die hier aufgeführten Werke zeigen nur eine kleine Auswahl der von der Autorin verwendeten Literatur und sollen zum Weiterlesen anregen.

Auer, Anna: *Fotografie im Gespräch*. Passau 2001.

Augustin, Andreas: *Hotel Sacher Wien*. Wien 1994.

Feigl, Susanne: *Was gehen mich seine Knöpfe an? Johanna Dohnal – Eine Biografie*. Wien 2008.

Fischer, Lisa: *Lina Loos oder Wenn die Muse sich selbst küßt*. Wien 2007.

Fischer, Wolfgang Georg: *Gustav Klimt und Emilie Flöge*. Wien 1987.

Freiheit ist besser als Speck. Texte für Mira Lobe. Wien et al. 1993.

Friedrich, Margret: »*Ein Paradies ist uns verschlossen ...*« *Zur Geschichte der schulischen Mädchenerziehung in Österreich im »langen« 19. Jahrhundert*. Wien 1999.

Geber, Eva / Rotter, Sonja / Schneider, Marietta (Hg.): *Die Frauen Wiens*. Wien 1992.

Gürtler, Christa / Schmid-Bortenschlager, Sigrid: *Eigensinn und Widerstand. Schriftstellerinnen der Habsburgermonarchie*. Wien 1998.

Habinger, Gabriele: *Eine Biedermeierdame erobert die Welt. Die Lebensgeschichte der Ida Pfeiffer*. Wien 1997.

Hainisch, Marianne: »Zur Geschichte der österreichischen Frauenbewegung.« In: Braun, Martha Stephanie et al. (Hg.): *Frauenbewegung, Frauenbildung und Frauenarbeit in Österreich*. Wien 1930.

Hamann, Brigitte: *Bertha von Suttner. Ein Leben für den Frieden*. München 1996.

Hamann, Brigitte: *Elisabeth. Kaiserin wider Willen*. Wien et al. 1997.

Herrberg, Heike / Wagner, Heidi: *Wiener Melange. Frauen zwischen Salon und Kaffeehaus*. Berlin 2002.

Hilmes, Oliver: *Witwe im Wahn. Das Leben der Alma Mahler-Werfel*. München 2010.

Holzer, Anton / Kreutler, Frauke (Hg.): *Trude Fleischmann: Der selbstbewusste Blick*. Ostfildern 2011.

Hubmann, Franz: *Café Hawelka. Ein Wiener Mythos*. Wien 1982.

Langer-Ostrawsky, Gertrude: »Erziehung und Bildung – Eine Untersuchung zum Schulwesen für Mädchen 1848–1920.« In: Historisches Museum der Stadt Wien (Hg.): *Die Frau im Korsett*. Wien 1984.

Lechner, Isabella: *Die Wiener Eisrevue*. Diplomarbeit, Universität Wien 2008.

Lexe, Heidi / Seibert, Ernst (Hg.): *Mira Lobe ... in aller Kinderwelt*. Wien 2005.

Mahler-Werfel, Alma: *Mein Leben*. Frankfurt 2008.

Marx, Eva / Haas, Gerlinde: *210 österreichische Komponistinnen vom 16. Jahrhundert bis zur*

Gegenwart. Salzburg et al. 2001.

Mayreder, Rosa: *Das Haus in der Landskrongasse. Jugenderinnerungen.* Wien 1998.

Meysels, Lucian O.: *In meinem Salon ist Österreich. Berta Zuckerkandl und ihre Zeit.* Wien 1984.

Moser, Sonja: *Das Hawelka. Geschichte & Legende.* Wien 2009.

Noever, Peter (Hg.): *Margarete Schütte-Lihotzky. Soziale Architektur. Zeitzeugin eines Jahrhunderts.* Wien 1996.

Reich-Ranicki, Marcel: *Über Hilde Spiel.* München 1998.

Schmölzer, Hilde: *Rosa Mayreder.* Wien 2002.

Schramm, Ingrid / Hansel, Michael (Hg.): *Hilde Spiel und der literarische Salon.* Innsbruck et al. 2011.

Schreiber, Hans: *Trude Fleischmann. Fotografin in Wien.* Wien 1990.

Schulte, Michael: *Berta Zuckerkandl. Saloniere, Journalistin, Geheimdiplomatin.* Zürich 2006.

Schütte-Lihotzky, Margarete: *Warum ich Architektin wurde.* Salzburg 2004.

Seeliger, Roman: *Die Wiener Eisrevue: Ein verklungener Traum.* Wien 1993.

Spiel, Hilde: *Die hellen und die finsteren Zeiten. Erinnerungen 1911–1946.* München 1989.

Spiel, Hilde: *Welche Welt ist meine Welt? Erinnerungen 1946–1989.* München 1990.

Steffahn, Harald: *Bertha von Suttner.* Hamburg 1998.

Unterreiner, Katrin: *Sisi. Kaiserin Elisabeth von Österreich.* Freiburg 2010.

Wagner, Renate: *Heimat bist du großer Töchter.* Wien 1992 und 1996.

Witzmann, Reingard: »Frauenbewegung und Gesellschaft in Wien um die Jahrhundertwende.« In: Historisches Museum der Stadt Wien (Hg.): *Aufbruch in das Jahrhundert der Frau?* Wien 1989.

Young-Bruehl, Elisabeth: *Anna Freud. Teil 1 und 2.* Wien 1995.

Zieher, Anita / Schreiber, Ulla: *Auf Frauen bauen. Architektur aus weiblicher Sicht.* Salzburg 1999.

Zuckerkandl, Berta: *Österreich intim.* Wien et al. 1970.

Gespräche der Autorin mit Hildegard Gärtner, Günter Hawelka, Angelika Kaufmann und Claudia Lobe im Mai und Juni 2012.

Huemer, Peter: ORF-Sendereihe »Im Gespräch« mit Mira Lobe, Sendung vom 29.12.1988.

Johanna Dohnal-Archiv, Wien

Privatarchiv Irma Schwager

Privatarchiv Roman Seeliger

SPÖ Bundesfrauen, Wien, www.johanna-dohnal.at

BILDNACHWEIS

Umschlaggestaltung: Kuni Taguchi unter Verwendung historischer Foto-
grafien. Vorne: Getty Images / Lambert; Süddeutsche Zeitung Photo / Scherl;
Umschlagabbildungen hinten: (v. l. n. r.) ÖNB; © 2012. Photo Austrian
Archives / Scala Florenz (2)
akg-images: 51, 65 akg-images / Erich Lessing; 77, 108 akg / Imagno; 104, 148
akg-images; **Elisabeth Sandmann Verlag (Zeichnungen von Stephan
Juttner)**: 48, 55, 126, 133, 153; **GuentherZ**: 23; **Harry Ertl**: 119; **Interfoto**: 30
Interfoto / Sammlung Rauch; 32 Interfoto / Friedrich; 92 Interfoto / Imagno;
115 Interfoto / Brigitte Friedrich; **Jungbrunnen Verlag**: 124; **Österreichische
Nationalbibliothek**: 14, 21, 35, 58, 62, 90, 111 ÖNB; 41 VGA; **picture
alliance / dpa**: 71 picture-alliance / akg-images; 8, 79 picture alliance / Imagno;
155 picture alliance / APA / picturedesk.com; **privat**: 13, 18, 97; **Privatarchiv
Roman Seeliger**: 83, 87, 89; **Robert Newald**: 44; **Sammlung Fotomuseum
WestLicht, Wien**: 75 Annie Schulz, Trude Fleischmann mit Kamera in ihrem
Atelier, Wien, 1929, Silbergelatine, 10,9 x 15 cm, Sammlung Fotomuseum
WestLicht, Wien; **Scala Archives**: 1, 27, 61, 69, 103, 137, 138, 145 © 2012.
Photo Austrian Archives / Scala Florenz; **Süddeutsche Zeitung Photo**: 24
Süddeutsche Zeitung Photo / Scherl; 129 Süddeutsche Zeitung Photo /
SZ Photo; **ullstein bild**: 99; **Universität für angewandte Kunst Wien,
Kunstsammlung und Archiv, Nachlass Margarete Schütte-Lihotzky**: 147;
Wienbibliothek im Rathaus, Druckschriftensammlung: 38

Stephan Juttner, geb. 1966 in Ibbenbüren, lebt und arbeitet in Nannhofen bei
München und Berlin. 1986 bis 1991 Studium Visuelle Kommunikation an der
FH Trier bei Prof. Aniela Kuenne, Diplom; 2002 Schwabenakademie Irsee,
Meisterkurs bei Bernd Zimmer; 2008 bis 2010 Atelierförderprogramm des Baye-
rischen Staatsministeriums für Wissenschaft, Forschung und Kunst. Nominie-
rung für den Wilhelm-Morgner-Preis 2010; Karl-Trautmann-Kunstpreis 2011.
Ausgewählte Ausstellungen: 1988 »III. Triennale für zeitgenössische Bib-
liographie«, Saarbrücken; 1994 »Junge Grafik VII«, Mainz; 2004 bis 2006
»56.–58. Große Schwäbische Kunstausstellung«, Augsburg; 2006 »what a
perfect day«, Innsbruck, »Ostallgäuer Kunstausstellung«, Marktoberdorf;
2007 »Ankunft«, KV Ibbenbüren; 2008 »Positionen«, Galerie Noah, Augsburg;
2009 »Internationale Künstlerbücher Autres rives – autres livres, voyage(s)«,
Bibliothèque municipale, Thionville; »Debutanten«, Haus 10, Fürstenfeldbruck; 2010 »München – Kiew« The Art's Support Fund Gallery, Kiew; 2011
»Zwanzigelf« Symposium, Fürstenfeldbruck, »Künstler des LK Fürstenfeldbruck«, Regierung von Oberbayern, München. Öffentliche Ankäufe / Vertre-
tungen: Siemens München, Stadtmuseum Fürstenfeldbruck, Stadt Germering,
private Kunstsammlungen. www.stephanjuttner.de

Verlag und Autorin haben sich nach besten Kräften bemüht, die erforderlichen
Reproduktionsrechte für alle Abbildungen einzuholen. Für den Fall, dass
etwas übersehen wurde, sind wir für Hinweise dankbar.